14살에 시작하는
처음 인문학

• 사진 및 도판 제공

32쪽 〈나와 마을〉 ⓒ Marc Chagall / ADAGP, Paris – SACK, Seoul, 2015 Chagall ®
58쪽 〈행복한 눈물〉 ⓒ Estate of Roy Lichtenstein / SACK Korea 2015
68쪽 〈인림 - 충무로〉 ⓒ 국립현대미술관
92쪽 〈Mr. Lee〉 ⓒ 국립현대미술관
134쪽 〈세이크리드 하트〉 ⓒ 이슬
160쪽 〈피살〉 ⓒ 보리출판사
192쪽 〈나무와 새〉 ⓒ 장욱진미술문화재단

14살에 시작하는

처음 인문학

1판 1쇄 발행일 2015년 11월 17일 | 1판 4쇄 발행일 2021년 12월 28일
글쓴이 정수임 펴낸이 김태완 펴낸곳 (주)도서출판 북멘토
편집주간 이은아 | 편집 최은영, 조정우 | 디자인 책은우주다, 안상준 | 마케팅 최창호, 민지원
출판등록 제6-800호(2006. 6. 13.)
주소 03990 서울시 마포구 월드컵북로6길 69(연남동 567-11) IK빌딩 3층
전화 02-332-4885 | 팩스 02-6021-4885

ⓒ 정수임, 2015

ISBN 978-89-6319-150-8 43100

「이 도서의 국립중앙도서관 출판시도서목록(CIP)은 서지정보유통지원시스템 홈페이지(http://seoji.nl.go.kr)와 국가
자료공동목록시스템(http://www.nl.go.kr/kolisnet)에서 이용하실 수 있습니다.(CIP제어번호: CIP2015029364)」

14살에 시작하는

처음
인문학

정수임 지음

북멘토

차례

| 관계 |

나를 알려 주고 싶어, 너를 보고 싶어 11

박성우, 「아직은 연두」 ― 빈센트 반 고흐, 〈해바라기〉

• 관계를 보는 또 다른 시선 1, 『열일곱 살의 인생론』 18

사랑은 어떻게 하는 걸까요 21

공선옥, 「명랑한 밤길」 ― 로런스 알마타데마, 〈더 이상 묻지 마세요〉

• 관계를 보는 또 다른 시선 2, 『반 고흐, 영혼의 편지』 28

우리는 어디에 있을까 31

백석, 「여우난골족族」 ― 마르크 샤갈, 〈나와 마을〉

• 관계를 보는 또 다른 시선 3, 『선생님, 요즘은 어떠하십니까』 41

| 소통 |

솔직하면 안 되니? 47

김승옥, 「무진기행」 ― 카스파르 다비트 프리드리히, 〈안개 바다 위의 방랑자〉

• 소통을 보는 또 다른 시선 1, 『팔꿈치 사회』 53

너도 그러니? 나도 그래 57

황석영, 「삼포 가는 길」 ― 로이 릭턴스타인, 〈행복한 눈물〉

• 소통을 보는 또 다른 시선 2,『체 게바라 평전』64

우리 함께 갈래? 67

정현종, 「섬」 ― 오병욱, 〈인림 ― 충무로〉

• 소통을 보는 또 다른 시선 3,『고독을 잃어버린 시간』73

| 불안 |

너, 지금 불안하니? 79

김려령, 「우아한 거짓말」 ― 에드바르 뭉크, 〈절규〉

• 불안을 보는 또 다른 시선 1,『나는 고발한다』86

아프니까, 그만해! 90

김소진, 「맨발로 뛰어라」 ― 구본주, 〈Mr. Lee〉

• 불안을 보는 또 다른 시선 2,『피로사회』96

노력해도 안 되는 일이 있다니! 99

신경림, 「농무」 ― 오노레 도미에, 〈삼등열차〉

• 불안을 보는 또 다른 시선 3,『돈으로 살 수 없는 것들』107

| 소비 |

벌자, 벌자, 돈을 벌자꾸나! 113
박민규, 「그렇습니까? 기린입니다」 — 에두아르 마네, 〈올랭피아〉
• 소비를 보는 또 다른 시선 1, 『자본론』 120

무엇이든 사 드립니다 123
조세희, 「뫼비우스의 띠」 — 앙리 마티스, 〈춤 II〉
• 소비를 보는 또 다른 시선 2, 『사회학적 상상력』 130

신의 사랑은 공평할까 133
이시영, 「경찰은 그들을 사람으로 보지 않았다」 — 제프 쿤스, 〈세이크리드 하트〉
• 소비를 보는 또 다른 시선 3, 『왜 세계의 절반은 굶주리는가?』 141

| 저항 |

현실이라는 공포 147
현기영, 「마지막 테우리」 — 필리포 라우리, 〈마르시아스의 형벌〉
• 저항을 보는 또 다른 시선 1, 『타인의 고통』 155

조용히, 나를 따르라! 158
박상륭, 『너는 스무 살, 아니 만 열아홉 살』 — 강요배, 〈피살〉
• 저항을 보는 또 다른 시선 2, 『프로파간다』 164

슬픔이 뭔지 아니? 167

정호승, 「슬픔이 기쁨에게」 ― 조르주 쇠라, 〈그랑자트 섬의 일요일 오후〉

• 저항을 보는 또 다른 시선 3, 『하류지향』 174

| 생태 |

과학, 알고 싶니? 181

이문재, 「광화문, 겨울, 불꽃, 나무」 ― 조셉 라이트, 〈공기 펌프 속의 새 실험〉

• 생태를 보는 또 다른 시선 1, 『비밀 많은 디자인 씨』 188

'새'의 있고 없음에 관해 191

김원일, 「도요새에 관한 명상」 ― 장욱진, 〈나무와 새〉

• 생태를 보는 또 다른 시선 2, 『시골빵집에서 자본론을 굽다』 197

엄마와 언니 이야기 200

권정생, 「몽실 언니」 ― 케테 콜비츠, 〈씨앗들이 짓이겨져서는 안 된다〉

• 생태를 보는 또 다른 시선 3, 『달려라 냇물아』 205

글쓴이의 말 209

작품 출처 212 | '또 다른 시선' 도서 목록 213

도판 목록 및 소장처 214 | 그 밖에 참고한 책 215

관계

"언제 나를 낳아 달라고 했어?"

우리는 태어나서 죽을 때까지 거미줄 같은 관계를 맺으며 살아간다. 그러나 태어나 처음 맺는 부모와의 관계를 스스로 선택한 사람은 아무도 없다. 물론 그 이후의 관계도 이와 별반 다르지 않다. 내 옆에 앉아 있는 같은 반 친구도 우연히 같은 학교, 같은 반이기에 가능한 관계다. 곰곰이 생각해 보면 자신의 의지로 누군가와 관계를 맺으며 살기란 어렵다. 학교를 선택해서 진학하는 일, 누군가를 사랑하는 일, 같은 취미를 가진 사람들끼리 모이는 일 정도가 내 의지에 의한 선택이다.

그렇다면 이 복잡한 관계들 속에서 우리는 무엇을 해야 할까. 부모를 향해 언제 나를 낳아 달라고 했느냐는 원망의 말 대신, 숱한 관계를 딛고 일어나 '나'를 알아 가는 일에서부터 출발해야 하지 않을까. 그런 다음에야 비로소 누군가를 사랑하고, 자신만의 고유한 가치를 찾으며 살아갈 수 있을 테니 말이다.

나를 알려
주고 싶어,
너를
보고 싶어

박성우, 「아직은 연두」 ―― 빈센트 반 고흐, 〈해바라기〉

"주근깨 빼빼 마른 빨간 머리 앤, 예쁘지는 않지만 사랑스러워."
만화영화 〈빨간 머리 앤〉의 주제곡에 나오는 한 대목이다. 이 만화의 주인공 앤은 수다스럽고 엉뚱한 상상을 즐겨 하는 빨간 머리 소녀다. 루시 모드 몽고메리Lucy Maud Montgomery의 소설이기도 한 이 만화영화는, 농장 일을 거들 남자아이를 입양하려던 커스버트 남매의 집에 실수로 여자아이인 앤이 오면서 시작된다. 앤의 엉뚱한 상상은 예기치 못한 사건으로 이어지지만 앤은 주변 사람들에게 기쁨을 주는 소녀로 성장한다. 엄격하고 고지식하기만 했던 마릴라 커스버트의 표현대로 "앤은 사랑을 가르쳐 준 아이"였다. 초록 지붕 아래 살게 된 빨간 머리 앤. 그런데 왜 작가는 앤의 머리 색깔을 빨간색으로 정했을까. 앤의 단짝인 다이애나처럼 검은색 머리카락이나 마릴라 같은 갈색 머리카락도 있었을 텐데 말이다.

색은 그 자체가 뿜어내는 힘이 있다. 사람들은 이를 두고 이미지라고도 하고 느낌이라고도 한다. 만약 앤이 '금발 머리 앤'이었다면, '갈색 머리 앤'이었다면 어땠을까. 아마도 빨강이 뿜어내는 강렬함, 열정, 호기심 등을 보여 주기에는 힘들지 않았을까. 물론 앤이 빨간 머리여서 엉뚱하고 발랄했던 건 아니다. 하지만 앤의 성격을 드러내는 색으로 빨강을 선택한 건 적절했다. 가만히 주변을 둘러보면 기업들 역시도 파랑, 빨강, 녹색 등 고유한 색을 정해 브랜드 마크Brand Mark에 사용하곤 한다. 사람들이 반복적으로 보는 브랜드 마크에 특정한 색깔을 입힘으로써 그 색깔이 주는 느낌을 기업 이미지로 활용하는 셈이다. 그렇다면 나 자신을 표현하기에 가장 적절한 색은 무엇일까.

박성우라는 시인이 있다. 시인의 페이스북에는 오이꽃, 토란잎, 상추, 고추와 같은 연둣빛 풍경이 있다. 그래서인지 시인의 「아직은 연두」라는 시가 낯설지 않다.

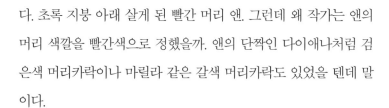

난 연두가 좋아 초록이 아닌 연두
우물물에 설렁설렁 씻어 아삭 씹는
풋풋한 오이 냄새가 나는 것 같기도 하고

옷깃에 쓱쓱 닦아 아사삭 깨물어 먹는

시큼한 풋사과 냄새가 나는 것 같기도 한 연두

풋자두와 풋살구의 시큼시큼 풋풋한 연두,

(중략)

난 연두가 좋아 연두색 타월로 박박 밀면

내 막막한 꿈도 연둣빛이 될 것 같은 연두

시시콜콜, 마냥 즐거워하는 철부지 같은 연두

몸 안에 날개가 들어 있다는 것도 까마득 모른 채

배추 잎을 신나게 갉아 먹는 연두 애벌레 같은, 연두

아직 많은 것이 지나간 어른이 아니어서 좋은 연두

난 연두가 좋아 아직은 초록이 아닌 연두

• 「아직은 연두」 부분

시인에게 연두는 달콤하고 향긋하지는 않지만 "설렁설렁" 씻어 먹을 수 있고 "아삭", "아사삭" 하는 맑은 소리가 날 것 같은 색이다. 소리, 맛, 향 어느 것 하나 여물지 않았지만 이를 바라보는 화자의 시선은 따스하고 기대에 차 있다.

흔히 지난 시간을 두고 '그때가 좋았다'라는 표현을 하곤 한다. 아무것도 할 수 없을 것처럼 느껴졌던 시간들이었지만 되돌아보면 그때가 가능성의 시간이었음을 알기 때문이다. 그런 의미에서 우리는 늘 가능성의 시간을 살고 있는 셈이다. 아마도 시인은 연두에서 이런 가능성을 엿본 게 아닐까. 시인의 고백처럼 "아직은

빈센트 반 고흐Vincent van Gogh, 〈해바라기Sunflowers〉, 1888, 런던 내셔널 갤러리The National Gallery, London

연두"이기 때문에 "아직은" 완성된 것이 아니니까 말이다.

시인에게 연두는 초록과는 다른 '가능성의 나'를 보여 줄 수 있는 색이었던 것 같다. "아직 많은 것이 지나간 어른이 아니어서 좋은 연두/아직은 초록이 아닌 연두"이기에 수많은 꿈을 꿀 수 있는 '나' 말이다. 몸 안에 날개가 들어 있다는 것도 까마득 모른 채 배추 잎을 신나게 갉아 먹는 연두 애벌레 같은 모습은 바로 우리 '자신'일 수도 있다.

가능성을 가지고 희망에 기댄 시인과 달리 빈센트 반 고흐는 열정 그 자체의 삶을 살다 간 화가다. 그는 잘 알려져 있다시피 '가난, 외로움, 우울, 발작, 자살' 등으로 설명된다. 하지만 그는 낙천, 따스함, 열정 등을 상징하는 '노란색의 화가'로 불리기도 한다. 그림과 삶에 대해 누구보다도 열정적이었기 때문이다. 때때로 그것이 지나쳐 타인의 눈에는 미치광이로 보일 때도 있었지만 말이다. 하지만 그가 남긴 수백 통의 편지와 수십 점의 자화상은 당시의 평가가 얼마나 그릇된 것인지 반증한다. 자화상을 그린다는 것은 거리를 둔 채 자신을 응시하는 것에서 출발한다. 만약 그가 정말 미쳤다면 스스로를 그렇게 바라보기 힘들지 않았을까.

고흐는 아를에 '노란 집'을 마련하고 자연을 사랑하는 사람들과 함께하길 소망했다. 하지만 그의 바람에 응답해 준 이는 많은 빚에 허덕이던 폴 고갱Paul Gauguin뿐이었다. 고흐는 흠모했던 고갱을 기다리며 아침부터 해가 질 때까지 태양빛 아래에서 해바라기를

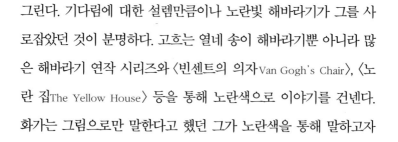

그린다. 기다림에 대한 설렘만큼이나 노란빛 해바라기가 그를 사로잡았던 것이 분명하다. 고흐는 열네 송이 해바라기뿐 아니라 많은 해바라기 연작 시리즈와 〈빈센트의 의자Van Gogh's Chair〉, 〈노란 집The Yellow House〉 등을 통해 노란색으로 이야기를 건넨다. 화가는 그림으로만 말한다고 했던 그가 노란색을 통해 말하고자 했던 것은 무엇일까. "미치지 않은 화가, 나 빈센트 반 고흐는 나만의 세계와 포기할 줄 모르는 열정을 가지고 있다." 고흐는 이런 말을 하고 싶었던 건 아닐까. 노란색이 보여 주는 강렬함처럼 그림에 대한 강렬한 열정이 해를 바라는 해바라기와 닮아 있다.

물론 삶을 표현하는 방식은 저마다 다를 수 있다. 하지만 색은 말로 표현하기 힘든 부분을 대신 말해 주기도 한다. 색을 통해 삶의 모습을 보여 준 박성우와 고흐처럼 말이다. 하지만 색을 정하기 이전에 자신을 발견하는 일이 먼저다. 박성우가 연약한 듯하지만 수많은 가능성을 품고 있는 자신을 '연두'라는 색에서 발견했고, 고흐가 몰입과 열정의 '나'를 강렬하고 열정적인 '노랑'에서 발견한 것처럼 말이다.

하지만 자신을 표현하는 색을 찾는 것은 생각보다 어려운 일인지 모른다. 학교나 사회가 제시하는 비슷한 삶을 살아가려면 자신을 '응시'하고 돌아볼 기회가 적을 수도, 조화라는 명분을 내세워 남들과 달라지는 것이 두려울 수도 있기 때문이다. 하지만 몽테뉴Michel Eyquem de Montaigne가 말했듯 "이 세상에서 가장 위대한 경험은 자신이 저 자신임을 이해하는 것"이다. 자신이 저 자신임을 이해하기 위한 첫걸음은 수많은 것 사이에서 자신을 발견하는 일이 아닐까. 마치 박성우가 풋풋한 연두에서 자신의 가능성을 발견한 것처럼, 고흐가 노란빛에서 자신의 열정을 발견한 것처럼 말이다. 물론 자신을 이해하기 위해서는 가능성과 열정뿐 아니라 한계와 단점을 응시하는 것 또한 잊지 말아야 한다.

관 계 를 보 는 또 다 른 시 선 1

안광복, 『열일곱 살의 인생론』

태어나 성장하며 가장 많이 듣는 말 중의 하나는 "사랑해"가 아니라 "하지 마!"다. 태어나자마자 일어서는 네 발 동물과 달리 인간은 태어나 일 년 동안 끊임없는 보살핌을 받고 겨우 일어선다. 그러나 일어난 뒤에도 마음대로 어딜 가지도, 무엇을 만지지도 못한다. "가지 마! 만지지 마! 하지 마!" 등 부모의 성화가 끊이지 않기 때문이다. 그 결과 아이는 안전하게 자라겠지만 무언가를 스스로 결정해 보는 기회는 박탈당한다. 그런데 이상하게도 아이가 어느 정도 성장하고 나면 부모는 이제 '스스로 알아서 할 것'을 강요한다. 연습도 없이 시작된 실전이 혼란스럽기만 한 아이들은 무엇을 해야 하는지, 무엇을 생각해야 하는지도 모른다. 만약 지금 이런 상황에 놓여 있다면 열일곱 살이 되길 기다리지 말고, 혹은 열일곱 살이 지났다고 망설이지 말고 이 책을 펼쳐 보길 권한다. 자신을 알아 가는 작은 샛길 하나는 발견할 수 있을지도 모른다.

당연한 말이지만 누구에게나 십 대는 있다. 무서운 선생님에게도, 도무지 말이 통하지 않는 부모님에게도 십 대는 있었다. 믿을 수 없을지도 모르지만 무서운 선생님은 소심한 아이였을 수도, 앞뒤가 꽉 막힌 것 같은 부모님은 지금 나보다 더 말썽꾸러기였을지도 모른다. 물론 어른이 된 그들은 그때의 모습을 모두 잊어버린 것처럼 아무렇지 않게 살고 있지만 말이다. 하지만 정말 모두 잊었을까.

안광복은 『열일곱 살의 인생론』을 통해 그날들을 잊지 못하고 살았음을 고백한다. 아닌 척했지만 높은 성적을 받기 바랐던 중학교 시절, 거친 아이들이 무서웠던 고등학교 시절, 말주변이 부족해 말을 더듬었던 대학교 시절 등을 고백하며 바로 그때 했어야 하는 생각들을 들려준다. 작가의 솔직한 고백과 따스한 말들을 따라 한 장씩 책장을 넘기다 보면 지금 나의 고민이 이상한 게 아니라는 걸 알게 되고 위로받을 수 있다. 그리고 아닌 척 괜찮은 척하는 어른들도 조금 이해할 수 있게 된다.

이제 안광복의 열일곱은 박성우가 말한 '연두'의 시간들과 만난다. '아직은'이라고 말할 수 있는 십 대의 풋풋한 시간들 말이다. 하지만 거리나 학교에서 만나는 십 대들이 정말 풋풋한지는 의문이다. 학원과 과외, 시험과 성적 사이에서 풋풋해야 할 시간들이 눅눅해져 축 늘어진 채 방황하는 십 대들을 어렵지 않게 만날 수 있기 때문이다. 그런데 연두를 지나 자신의 색을 가진 것처럼 행세하는 어른들은 너무 쉽게 "너의 꿈을 가져라, 너의 색을 가져라" 하고 말한다. 정작 그렇게 말하는 어른들은 어떤 색인지 도무지 알 수 없는데 말이다. 그리고 막상 고흐처럼 자신만의 색을 가진 사람들을 향해서는 세상과 어울리지 못한다고 비난하면서 말이다.

우리는 고흐처럼 자신을 이해하는 색을 가질 필요가 있다. 그래야 나를 넘어 남도 이해할 수 있다. 박성우의 말처럼 "아직은 연두" 빛깔인 우리가 지금 해야 할 일은 '나'를 찾는 일이다. 안타깝게도 해답은 스스로 찾아야 하고, 찾을 수 있는 방법이 정해져 있지도 않다. 수십 장의 가면으로 자신을 위장한다고 해도 자신을 가장 잘 아는 사람은 자신뿐이다. 가면 속의 얼굴이 자신 없다고 자꾸 숨기기만 하면 절대로 남과 다른 유일한 자신을 만날 수 없음을 기억하자. 자신의 아픔과 슬픔, 욕망과 부끄러움을 마주하는 일이 바로 나를 발견하는 첫걸음이다.

사랑은
어떻게
하는
걸까요

공선옥, 「명랑한 밤길」 ── 로런스 알마타데마, 〈더 이상 묻지 마세요〉

나는 나의 스물한 살 봄밤을 그와 함께 먼먼 나라, 그가 없으면 닿을 수 없는 나라를 여행하는 것만 같았다. 나 혼자서는 도저히 갈 수 없는 낯설고 아득한 나라를. 그가 있어야만 닿을 수 있는 나라를 여행하는 것은 그래서 슬펐다. 아름답고 슬프고 쓰라린 여행을 끝내고 집에 돌아왔을 때, 나는 이번에는 낯익고 낯익어서 슬픈 풍경과 맞닥뜨려야만 했다. 엄마는 나를 기다리며 먼지 푸석푸석한 마당에서 밤중 내 맴을 돌았다.

• 「명랑한 밤길」 부분

로런스 알마타데마Lawrence Alma-Tadema, 〈더 이상 묻지 마세요 Ask me no more〉, 1906, 개인 소장

소설 속 주인공 '나'는 "그가 없으면 닿을 수 없는 나라, 나 혼자 서는 도저히 갈 수 없는 낯설고 아득한 나라, 그가 있어야만 닿을 수 있는 나라"를 여행 중이다. 그리고 '그'는 이 새로운 세계의 안 내자이자 곧 그 세계의 전부다. 사랑에 빠진 나는 그를 통해 이 낯설고 아득한 나라를 여행하는 중이지만 현실은 치매에 걸린 엄마와 푸석푸석한 마당이 있는 옹색한 집뿐이다.

「명랑한 밤길」 속 주인공인 스물한 살의 간호조무사 나는 시골을 떠나 도시로 나가려 했지만 아버지의 갑작스런 죽음과 연이어 발병한 엄마의 치매로 꿈을 이룰 수 없었다. 그녀가 이런 현실 속에서 절망하고 있을 때 나타난 낯선 남자. 나를 데리러 오고 데려다 주는 남자, 라디오 프로그램 〈별이 빛나는 밤에〉의 시그널인 줄만 알았던 음악을 프랑크 푸르셀Franck Pourcel이 연주하는 〈메르시 셰리Merci cherie〉라고 정확히 아는 남자, 글을 쓴다는 남자. 그는 그녀에게 새로운 세상을 여는 열쇠가 되어 줄 수 있을까. 그리고 여기 사랑을 시작하는 또 한 쌍의 남녀가 있다.

한편에 놓인 꽃다발, 수줍은 듯 내민 손, 그 손에 조심스럽게 입을 맞추는 남자의 태도를 보면서 우리는 이 남녀의 사랑이 이제 막 시작되었다는 것을 짐작할 수 있다. 여인의 붉어진 볼과 웅크린 듯 모은 두 발을 통해 시작되는 사랑의 긴장과 설렘도 엿볼 수 있다. 파스텔 톤으로 가득 찬 그림의 빛깔은 꿈결 같은 사랑의 시작과도 맞닿아 있는 듯하다. 아마도 소설 속의 나 역시 이런 파스텔 톤의 사랑을 꿈꾼 게 아니었을까. 텔레비전 속 드라마에나 등장하는 '일렁이는 불빛, 멋진 장소, 좋은 음식들'이 사랑의 진정한 모습이라 여기면서 말이다. 내가 처한 현실이 어떻든 이미지로 보이는 사랑의 장면은 아름답기만 하고, 이런 이미지들은 사랑에 대한 환상과 기대를 부추긴다. 현실에서 출구가 보이지 않으면 더더욱 그렇다. 신데렐라의 행운이 나에게 생기지 말라는 법은 없으니까!

소설 속 나에게는 치매에 걸린 엄마와 신용불량자인 오빠들, 이혼해서 모자 가정의 가장이 된 언니가 있다. 동화에서처럼 백마 탄 왕자님이 나타나지 않는 이상 나의 현실은 쉽게 바뀔 것 같지 않다. 학교 동창인 만배와 그가 다니는 공장에서 일하는 외국인 노동자들의 흘끔거리는 눈길이 불쾌하고 신물이 난 까닭은 그들은 나와 같은 신세이며, 그래서 나에게 새로운 세계를 열어 줄 능력이 없는 이들이기 때문이다. 그런데 어느 날 백마는 아니지만 하얀색 지프를 몰고 그가 나타났다. 이제 나는 현실을 벗어날 수 있을 것만 같다. 하지만 그는 어느 날부터인가 데리러 오는 대신 오라는 전화만 한다. 그럼에도 나는 무공해 채소가 먹고 싶다는 그를 위해 공터를 메워 채소를 키운다. 고추와 치커리, 상추들은 쑥쑥 자라는데 그는 더 이상 나를 부르지 않는다. 기다리고 있을 수만 없던 나는 그를 찾아간다. 그가 먹고 싶다던 무공해 채소를 한 아름 안고서. 하지만 한때는 새로운 세계였던 그는 나를 문전박대하며 소리친다.

"야, 그동안 내가 너한테 얼마나 잘해 줬는데 이래? … 야, 내가
아무리 이런 집에서 이렇게 산다고 니 눈에 내가 거지로 보이냐?
이거 필요 없으니 가져가, 쌍. 촌년이 발랑 까져 가지구서는, 에잇
재수 없어."

칠흑 같은 밤, 후드득 내리는 비를 맞으며 나는 땅에 떨어진 채
소들을 수습하여 돌아올 수밖에 없었다. 빗길을 걸으며 돌아오는
나의 마음을 설명하는 일은 부질없다. 수많은 밤을 하얗게 새우며
기대했던 사랑과는 너무 다른 현실이었을 테니 말이다. 나는 그를
통해 새로운 세계를 보았다. 그가 열어 준 세계는 제목을 알 수 없
는 음악과 향기로운 냄새로 가득 차 있었다. 어쩌면 그가 가난한
현실 속에 있는 나를 구해 줄지도 모른다고 기대했지만 나의 바람
은 버려진 채소와 같은 처지가 되고 말았다.

　나는 비가 떨어지는 밤길을 걸어가다 누군가 뒤따라오는 소리
에 멈칫한다. 그들은 그녀가 신물이 난다고 경멸했던 외국인 노동
자들이다. 융단 폭격 같은 말의 폭격을 퍼부어 대던 남자와 칠흑
같은 밤에 나를 따라오는 누군가의 인기척에 나는 비로소 세상이
무섭다는 걸 뼈저리게 느끼며 정미소 안에 숨어든다. 내가 떨어뜨
린 채소 봉지를 주운 그들이 나누는 대화와 윤도현의 노래.

"여동생이 한국 사람과 결혼했어. 시골이야. 동생이 남편한테 맞
았어. 동생 많이 슬퍼. 형이 한국 여자랑 결혼했어. 형 여자 도망

갔어. 조카 있어. 형이랑 조카 많이 슬퍼. 부모님 돌아가셨어. 우리
나라, 방글라데시 가도 나는 아무도 없어. 한국에 다 있어. 난 갈
수 없어. 형 다쳤어. 손가락 잘렸어. 조카 살려야 해."

"싸부딘, 난 한국에서 슬플 때 노래했어. 한국 발라드야. 사장이
막 욕해. 나 여기, 심장 막 뛰어, 손가락 막 떨려, 눈물 막 흘러, 그
럼 노래했어. 사랑 못했어. 억울했어. 그러면 또 노래했어. 그러
면 잠이 왔어. 그러면 꿈속에서 달을 봤어. 크고 아름다운 네팔
달이야."

"사랑했나 봐 잊을 수 없나 봐 자꾸 생각나 견딜 수가 없어 후회
하나 봐 널 기다리나 봐…."

사랑에 대한 환상은, 아니 기대는 누구에게나 있다. 사랑을 통해
현실에서 벗어나고 싶은 욕망도 누구나 가질 수 있다. 문제는 그
기대와 욕망으로 누군가를 사랑한다고 착각한다는 데 있다. 소설
속 그녀는 그를 정말 사랑했던 것일까, 아니면 그가 디디고 있던
세상을 사랑했던 것일까. 그녀는 그를 통해 가난한 현실에서 벗어
나고 싶었던 것은 아니었을까. 반면, 그녀가 신물 난다고 경멸했던
외국인 노동자들은 나름의 노력으로 현실을 견디고 주변을 사랑
하며 돌아보고 있다. 그들에게 사랑이란 환상이 아니라 현실이니
까 말이다.

로런스 알마타데마의 화사한 그림은 사랑의 시작을 알리는 아
름다운 순간이지만 고개 숙인 남자의 속마음은 알 길이 없다. 그

림 속 사랑이 보여 주는 화사함에 취해 그 이면에 자리하고 있는 또 다른 욕망을 읽어 내지 못하는 것은 아닌지 의심해 보길 바란다. 남을 사랑하는 일은 생각보다 어려운 일이다.

빈센트 반 고흐, 『반 고흐, 영혼의 편지』

고흐에게는 형이 있었다. 자신보다 정확히 일 년 먼저 태어난 형은 그와 이름이 같았지만, 태어난 지 얼마 지나지 않아 죽고 말았다. 죽은 형과 같은 날 태어난 아이는 이미 세상을 떠난 이의 이름을 받아 생을 시작했다. 빈센트 반 고흐는 다름 아닌 형의 이름이자 자신의 이름이기도 했다.

죽은 사람의 이름으로 살아간다는 것, 가족에게 환영받지 못하는 일을 업으로 삼는다는 것은 그를 우울하게 했다. 하지만 우울과 가난 속에서도 동생 테오Theodoru van Gogh는 그를 지지했다. 고흐가 테오에게 보낸 668통에 이르는 편지에는 그림에 대한 열정, 테오에 대한 미안함 등이 고스란히 담겨 있다. 그는 테오에게 그림을 무엇이라 말했을까. 삶을, 사랑을, 영혼을 무엇이라고 적었을까.

'톡을 읽었는데 왜 답을 안 하는 거지? 어제 나랑 함께 있던 곳을 프사에 올려 놨어. 상메에는 왜 저런 글을 써 놓은 거지?'

상대의 마음을 헤아리기 위해 애를 쓰는 이 단계를 요즘은 '썸'이라고 한다. 썸이 진척되면 연인이 될 수도 있지만, 더 이상 진전이 없으면 이도 저도 아닌 애매한 관계가 되고 만다. 왜 이런 관계가 생겨나는 것일까. 쉽게 설명하기는 어렵지만 썸의 출발은 상처 받고 싶지 않은 마음에서 비롯된다. 혹시 고백했다가 거절당할 것이 두렵거나 자신의 선택에 대한 두려움이 앞설 때 적당히 거리를 유지하는 자세가 바로 '썸남썸녀'의 자세다. 문제는 이 썸을 바라보는 입장이 다르다는 데 있다. 「명랑한 밤길」 속에서 내가 그에게 상처를 받은 까닭도 '썸'과 '사랑'을 혼동했기 때문이다. 알마 타데마의 그림 속에서 미소년의 고백을 받는 여인은 수줍은 게 아니라 수줍은 척하는 썸녀일지 모른다. 혹은 미소년이 부유한 여인의 힘을 빌려 출세를 꿈꾸는 장면일지도 모른다. 사랑은 파스텔처럼 은은하게 시작되는 것 같지만 사랑의 배신은 칠흑처럼 어둡고 비 내리는 밤처럼 차갑다. 하지만 사랑은 종종 셰익스피어William Shakespeare의 희극 〈로미오와 줄리엣Romeo and Juliet〉처럼 목숨을 내어 놓을 만큼 강렬해야만 할 것 같다.

그러나 연인이 아니라면, 부모와 자식도 아니고 형제라면 어떨까. 더구나 자신은 좋아하는 일을 하면서 나에게는 생계를 책임지라고 한다면? 자신은 좋아하는 일을 할 테니 필요한 경비를 대달라고 한다면? 게다가 종종 아프고 사람들에게 손가락질을 받는 일까지 서슴지 않고 한다면 우리는 그를 도울 수 있을까. 아무리 사이가 좋더라도 쉽게 그렇게 하겠다고 대답하긴 힘들 것이다. 그러나 고흐의 동생 테오는 그 일을 감당한다. 고흐는 테오의 도움을 받아 물감을 사서 그림을 그리며 자신의 작업에 대해 편지로 소식을 전한다. 고흐는 테오의 도움을 고마워하며, 자신이 진심으로 그림을 사랑하고 열정을 쏟아 붓고 있음을 편지 곳곳에 적어 보낸다. 친구도 아내도 없던 고흐에게 테오는 친구이자 동료이자 아내였던 셈이다. 테오의 입장에서 보면 형은 부담스러운 존재일 수도 있다. 하지만 테오는 자신을 걱정하는 형에게 경제적인 문제는 염려하지 말라고 당부한다. 형의 그림은 훌륭하며 형의 고통을 덜어 줄 수 있다면 좋겠다고 고백한다.

사랑이란 이들처럼 자신의 부족함을 드러내고 그 부족함을 채워 주려는 마음에서 시작된다. 서로를 향해 계산기를 두드리면 결코 이루어질 수 없다. 썸은 사랑이 아니다. 상처받을까 두려워하는 마음, 상처받았다고 원망하는 마음에서는 사랑이 싹틀 수 없다. 「명랑한 밤길」 속 외국인 노동자들이 자신들의 상처를 어루만지며 노래하듯, 상처받을 수도 있다는 용기가 있어야만 사랑할 수 있다.

우리는
어디에
있을까

백석, 「여우난골족族」 — 마르크 샤갈, 〈나와 마을〉

　　햄버거는 둥근 모양의 빵과 빵 사이에 양상추, 치즈, 고기를 넣어 만든 음식이다. 우리나라에서 먹는 햄버거지만 바스락거리는 종이 포장부터 빵, 양상추, 치즈, 고기까지 우리 땅에서 난 것이 거의 없다는 사실에 어쩐지 씁쓸해진다. 하지만 낯선 땅에서 이 음식을 발견했을 때의 반가움은 남다르다. 입에 맞지 않는 음식들 가운데 익숙한 모양과 맛으로 다가오는 햄버거는 마음의 부담을 덜어 주고 텅빈 위를 채워 준다. 이 순간만큼은 햄버거가 세상의 맛을 통일하고 있다고 느껴질 정도다. 그런데 조금만 더 생각해 보면 맛뿐만 아니라 입는 것, 쓰는 것, 노는 것에 이르기까지 우리

마르크 샤갈Marc Chagall, 〈나와 마을Moi et le Village〉, 1911, 뉴욕 현대미술관The Museum of Modern Art Modern Art

는 점차 고유한 무엇인가를 잃어 가고 있다. 메이드 인 인도네시아 옷을 걸치고 메이드 인 차이나 신발을 신는 일도 비단 우리나라에서만 경험할 수 있는 일은 아니다. 어쩌면 오십 년, 혹은 백 년 뒤에는 글로벌이라는 이름에 걸맞게 전 세계가 표준화된 삶을 살고 있을지도 모른다. 언제 어디서든 비슷비슷한 생활을 하는 세상 말이다. 익숙하고 편리하기는 하겠지만 그런 세상이 온다면 어쩐지 무척 쓸쓸할 것 같다. 그런 세상은 기계로 만들어져 제공된 세상일 뿐, 우리의 온전한 체험과 기억으로 이루어 낸 세상은 아닐 테니 말이다.

백석이라는 시인이 있다. 본명은 백기행이며 평안북도 정주 출신이다. 1930년대의 경성 거리를 풍미했던 그는 한마디로 댄디 보이Dandy Boy였다. 지금으로 치면 얼리 어답터Early Adopter였을 그는 세상의 변화를 가장 먼저 경험하려 했던 사람이다. 보통 사람들이 20~30전짜리 양말을 신을 때 그는 1원이나 2원을 주어야 신을 수 있는 양말을 신었고, 서너 달 치 월급을 한 푼도 쓰지 않고 모아야 살 수 있는 200원 상당의 양복을 맞춰 입곤 했다. 올백으로 넘긴 신식 머리 모양과 깨끗한 차림은 어디에서든 한 번 더 돌아보게 만드는 멋진 모습이었다. 일본 유학, 『조선일보』 기자, 함흥 영생여고보 영어 교사 등으로 이어지는 그의 행보 또한 비록 식민지 아래였지만 신식 문물을 앞장서 받아들인 모범적인 인물로 읽힐 만하다. 하지만 그의 시를 만나는 순간 이런 예측은 산산이 부서진다. 그리고 밀려드는 답답함을 떨쳐 버리기 힘들어진다. 이제 시인들이 가장 사랑하는 시인, 하지만 수험생들은 별로 사랑하지 않는 시인 백석의 시를 만나 보자.

명절날 나는 엄매 아배 따라 우리집 개는 나를 따라 진할머니 진할아버지 있는 큰집으로 가면

얼굴에 별자국이 솜솜 난 말수와 같이 눈도 껌벅거리는 하로에 베 한 필을 짠다는 벌 하나 건너 집엔 복숭아나무가 많은 신리(新里) 고무 고무의 딸 이녀(李女) 작은 이녀(李女)

열여섯에 사십(四十)이 넘은 홀아비의 후처(後妻)가 된 포족족하니 성이 잘 나는 살빛이 매감탕 같은 입술과 젖꼭지는 더 까만 예수쟁이 마을 가까이 사는 토산(土山) 고무 고무의 딸 승녀(承女) 아들 승(承)동이

육십리(六十里)라고 해서 파랗게 뵈이는 산을 넘어 있다는 해변에서 과부가 된 코끝이 빨간 언제나 흰 옷이 정하든 말끝에 설게 눈물을 짤 때가 많은 큰골 고무 고무의 딸 홍녀(洪女) 아들 홍(洪)동이 작은 홍(洪)동이

배나무접을 잘하는 주정을 하면 토방돌을 뽑는 오리치를 잘 놓는 먼 섬에 반디젓 담그러 가기를 좋아하는 삼춘 삼춘 엄매 사춘 누이 사춘 동생들

이 그득히들 할머니 할아버지가 안간에들 모여서 방안에서는 새

옷의 내음새가 나고

또 인절미 송구떡 콩가루차떡의 내음새도 나고 끼때의 두부와 콩나물과 뿍운 잔디와 고사리와 도야지비계는 모두 선득선득하니 찬 것들이다

저녁술을 놓은 아이들은 오양간섶 밭마당에 달린 배나무 동산에서 쥐잡이를 하고 숨굴막질을 하고, 꼬리잡이를 하고 가마타고 시집가는 놀음 말타고 장가가는 놀음을 하고 이렇게 밤이 어둡도록 북적하니 논다

밤이 깊어 가는 집안엔 엄매는 엄매들끼리 아르간에서들 웃고 이야기하고 아이들은 아이들끼리 웃간 한 방을 잡고 조아질하고 쌈방이 굴리고 바리깨돌림하고 호박떼기하고 제비손이구손이하고 이렇게 화디의 사기방 등에 심지를 몇 번이나 돋구고 홍게닭이 몇 번이나 울어서 졸음이 오면 아룻목싸움 자리싸움을 하며 히드득거리다 잠이 든다 그래서는 문창에 텅납새의 그림자가 치는 아츰 시누이 동세들이 욱적하니 흥성거리는 부엌으론 샛문틈으로 장지문틈으로 무이징게국을 끓이는 맛있는 내음새가 올라오도록 잔다

• 「여우난골족族」 전문

시인이 말하고 있는 장면, 시인이 표현하고 있는 구수하고 향긋한 내음, 바깥 추위와 상관없는 온기가 시를 읽으면서 선명하게

느껴졌는지 무척 궁금해진다. 만약 이 시를 처음 만났다면 호흡이 긴 문장과 익숙하지 않은 함경도 방언이 주는 어리둥절함을 먼저 선물받지 않았을까 싶다. 하지만 실망하지 말고 다시 읽고 또 읽기를 반복하다 보면 시인이 보여 주는 한없이 따스하고 푸근한 세계가 눈앞에 펼쳐질 것이다. 그리고 다른 시인들처럼 그를 사랑하게 될지도 모를 일이다.

경성의 댄디 보이였던 그가 내뱉은 첫 구절은 "명절날 나는 엄매 아배 따라"이다. 영어를 술술 구사하던 그가 "엄매, 아배"라니? 생김새와 도무지 어울리지 않는다. 농사꾼의 '엄매, 아배'와 달리 경성 멋쟁이의 '엄매, 아배'는 당시 문단에서도 꽤 충격적인 화법이었을 성싶다. 누구나 기대했던 서양의 어법이 아니었으니 말이다. 하지만 그는 '엄매, 아배'를 시작으로 함경도의 방언과 음식, 날씨와 온기까지 자신의 시 안으로 끌어들인다. 일제 식민 치하에서 신식 문물의 세례를 받던 시절에 가장 원초적인 것으로 돌아간 것이다. 모두가 같은 옷을 입고 같은 말을 할 때 그는 다른 언어, 아니 정확히는 자신의 언어를 되살려 놓았다.

「여우난골족族」은 명절날 찾은 큰집의 풍경을 묘사한 시다. '나'는 엄마, 아빠를 따라 할아버지와 할머니가 계신 큰집에 가서 신리와 토산, 큰골에 사는 고모들과 고모들의 가족, 삼촌과 삼촌의 가족들을 만났다. 선득선득하니 찬 음식들, "아릇목싸움"이라는 표현을 보니 명절날은 음력설에 해당될 듯하다. 시인은 풍성한 음식이 있고 쥐잡이, 숨굴막질, 꼬리잡이 등의 놀음을 하는 평화로운 명절의 광경을 우리의 고유한 언어를 사용해 되살려 놓았다. 신식 문물이 밀물처럼 들어오는 그 시절에 새로운 문물에 대해 찬양하고 새로운 학문을 모방하는 대신 가장 우리 민족다운 것으로 돌아간 것이다. 고당 조만식의 제자답게, 김소월·이중섭·황순원 등을 배출해 낸 오산학교 출신답게 말이다. 1912년에 태어난 백석에게 조선은 빼앗긴 땅이었다. 우리말과 풍습을 빼앗기고 새로운 언어와 풍습이 강요되던 시대에 그의 선택은 우리 언어가 잊히기 전에, 사라지기 전에 쓰는 것이었다. 그에게 언어는 향토적인 정서를 불러일으키는 수단이 아니라 무너져 내리는 조선을 지키기 위한 자존심 같은 것이었다.

"너희들은 세모난 식탁 위에 네모난 배들을 올려놓고 배고파 죽어 버려라!"라는 저주를 퍼부은 러시아의 화가 마르크 샤갈은 가난한 유대인 집안에서 태어났다. 그는 러시아 서부의 유대인 거주 지역인 비테브스크Witebsk에서 어린 시절을 보낸 뒤, 러시아와 파리에서 미술을 공부한다. 세잔Paul Cézanne의 영향을 받아 입체주의와 야수파 들이 넘쳐났던 1차 세계대전 이전의 파리에서, 공상적이고 몽환적인 그의 그림은 그들과 확실히 구별됐다. 하지만 샤갈은 1차 세계대전 시기에 러시아로 귀국했고 러시아혁명이 일어난 뒤에는 비테브스크 미술학교의 교장을 맡기도 했다. 그러나 그의 그림은 당시 혁명 사상과 마찰을 빚었고 결국 가족을 데리고 1922년에 러시아를 영원히 떠나고 말았다.

1911년에 제작된 〈나와 마을〉은 소와 사람이 비슷한 크기로 마주하고 서로를 응시하며 미소 짓고 있는, 샤갈의 대표적인 작품이다. 지구의 인력을 무시한 채 집과 사람이 거꾸로 배치되어 있고, 암소의 젖을 짜는 여인, 곡괭이를 메고 가는 남자, 그를 바라보는 여인, 집집마다 보이는 사람들은 그 자체로 삶이다. 알록달록한 색과, 비례가 맞지 않는 형태들은 그림을 자유롭고 부드럽게 한다. 얼굴이 초록색인 사람, 목걸이를 한 파란색 암소, 손가락 끝에서 솟아오른 나무 등 자로 잰 듯 반듯한 법칙을 벗어난 그의 세계는 아이들이나 선택할 법한 모양과 색을 주저 없이 사용한다.

　그는 왜 이런 그림을 그렸을까. 이 그림의 제목이 이 질문에 대한 답을 줄 수도 있을 것 같다. 〈나와 마을〉이라는 제목이 말해 주듯 샤갈에게 비테브스크는 아름다운 풍경으로 자리하고 있었다. 세잔의 사과 이후 파리를 들끓게 했던 마티스Henri Matisse와 피카소Pablo Picasso의 그림과 다르게 샤갈은 유년의 기억을 표현했다. 그것도 그 시절 어린아이와 같은 마음으로. 시인 아폴리네르Guillaume Apollinaire가 그의 그림을 본 뒤 "초자연적이군!"이라고 표현했던 것처럼 샤갈은 현실 너머의 현실을 그린 셈이다. 아흔여덟 살이라는 긴 생애를 살다 간 샤갈은 1차 세계대전, 러시아혁명, 2차 세계대전을 겪었고, 그 비극에서 살아남았으며, 부와 명예를 쌓았다. 그러나 이상하게도 그의 그림은 선동적이거나 딱딱하지 않고, 모호하며 부드럽고 아이가 그린 그림처럼 엉뚱하다. 이런 그의 그림은 2차 세계대전 이후 피폐해진 사람들에게 큰 위로가 되었다. 학살과 죽음의 공포에 시달리는 사람들에게 그의 작품은 사랑과 따스함을 보여 주었기 때문이다. 유대인이었지만 그 공포의 시간들을 견뎌 냈고 살아남았고 기억조차 할 수 없었던 그때의 시간을 샤갈은 되살려 주었다.

샤갈과 달리 백석은 해방 이후 고향 정주로 돌아갔다. 하지만 부와 명예를 얻기는커녕 자아비판을 강요당했다. 일절의 창작 활동을 금지당한 채 남은 생을 보낸 것으로 알려져 있다. 하지만 백석이 복원해 놓은 기억은 샤갈의 그림처럼 따스하고 아름답게 우리에게 살며시 다가온다.

다원화되는 세상이라지만 한편으로는 심하게 획일화되어 가는 세상을 우리는 살고 있다. '우리'라는 말은 나와 너를 포함하여 여러 사람을 가리키는 말이지만, 이 말의 이면에는 '우리 밖'에도 또 다른 사람들이 존재한다는 것을 의미한다. 다시 말해 이 세상에는 수많은 우리가 있는 셈이다. 하지만 세상은 점점 모두가 똑같이 하나 되는 우리를 권한다. 그런 의미에서 '가장 고유한 것, 가장 소중한 것, 가장 가까이'에 있는 것들을 잊지 않고 표현해 낸 백석과 샤갈 같은 작가가 더욱 빛난다. 모두가 같은 말을 하고 같은 옷을 입으며 고유한 우리를 잃어 가는 세상에서 자신만의 빛깔을 가진 사람들이 되었으니 말이다.

세상에는 헤아릴 수 없는 우리가 있고 그들은 또 그들 나름대로 독특함과 아름다움을 가지고 있다. 우리를 사랑한다는 말은 바로 각자의 우리가 지닌 고유한 것들을 인정하고 사랑하는 일에서 출발해야 한다는 뜻인지도 모른다. 그것이 백석을 사랑하는 시인 안도현의 표현처럼 "가장 잘 알고 있는 것, 나와 가장 가까운 곳에 있는 것이 가장 새로운 것"이라는 생각으로 시를 썼을 백석의 바람이며, 동시에 샤갈이 그토록 그리워했던 유년의 기억이며, 오늘을 사는 우리를 사랑하는 방식이 될 것이다.

관계를 보는 또 다른 시선 3

이오덕 · 권정생, 『선생님, 요즘은 어떠하십니까』

오디세우스Odysseus는 트로이 전쟁에 나가면서 집안일과 아들 텔레마코스Telemachos의 교육을 '멘토르mentor'에게 맡긴다. '멘토르'는 오디세우스가 돌아올 때까지 선생이자 친구로 왕자를 돌본다. 요즘 범람하는 멘토의 기원은 오래전 이야기 『오디세이아Odysseia』에 등장하는 인물의 이름이다. 학습 멘토, 직업 멘토, 다이어트 멘토에 이르기까지 사람들은 수많은 영역에서 지혜로운 선생이자 인생의 나침반을 만나고 싶어 한다. 하지만 진정 신뢰할 만하고 현명한 사람을 만나기란 쉽지 않다.

서른일곱 살 권정생이 처음 만난 이오덕은 마흔아홉 살이었다. 이후로 이어진 삼십 년 동안의 편지는 그들이 얼마나 돈독한 사이를 유지했는지 짐작하게 한다. 가난과 질병으로 고통의 나날을 보내고 있던 권정생을 세상으로 이끌어 낸 이오덕은 그에게 멘토였다. 그리고 신실한 친구였다. "선생님, 요즘은 어떠하십니까?"라는 한 줄 안부로 서로에 대한 염려와 사랑을 전할 수 있는 사람이 옆에 있는지 생각해 보자.

역사 분야의 저술가로 환경에는 문외한이었던 콜린 베번Colin Beavan은 지구 환경에 영향을 주지 않는 삶을 살기 위해 일 년간의 프로젝트를 감행한다. 뉴욕 한복판에 있는 아파트 9층에서 커피 마니아인 아내와 어린 딸 프라다와 함께 최소한의 것만 소비하는 삶을 살기로 결심한 것이다. 이 실천은 가능했을까. 가능했다. 물론 수많은 불편을 감수해야 했지만 말이다. 그의 실천을 바라보며 무엇인가에 나쁜 영향을 주지 않는다는 것은 다른 말로 불편을 받아들인다는 뜻이라는 생각이 들었다.

권정생 또한 다른 사람들의 삶에 나쁜 영향을 끼치지 않는 삶을 살아갔다. 매우 불편한 삶도 마다하지 않았다. 배운 것이 없고 가난했으므로 가족과는 일찍이 헤어져 떠도는 삶을 살아야 했다. 가난은 배고픔과 결핵, 늑막염이라는 질병을 주었다. 평생 동안 아팠고 외로웠지만 아이들의 시선이 담긴 작품들을 써 내려 간 그는 『몽실 언니』, 『강아지똥』 같은 작품으로 생전에 베스트셀러 작가가 되었다. 그럼에도 빌뱅이 언덕에 낮은 흙집 한 채를 짓고 홀로 아프며 늙으며 삶을 마감했다. 살아생전에 부자가 되었고 쓰고도 남을 만큼의 인세도 받았지만 이전의 삶과 별반 다르지 않은 삶을 이어갔다. 아프다고 좌절하지도 포기하지도 않으며 "아무것도 안 하는 삶이란 죽는 것보다 못합니다"라고 고백하는 삶을 살아갔다. 권정생의 삶은 마치 민들레꽃이 피어날 수 있게 빗물에 온몸을 녹인 강아지똥과 같다. 자신에게 주어진 질병과 가난을 온몸으로 겪어 내면서도 사람들에게 삶의 진정성이 무엇인지 보여 주었으니 말이다.

그런 권정생에게 이오덕은 말 그대로 스승이자 위안이었다. 초등학교 교사로 시골을 찾아 내려온 이오덕은 농촌 아이들의 모습을 그대로 담은 동시를 짓고, 글쓰기 운동을 지속했으며, 앎을 삶으로 실천하며 살았다. 배웠다는 이유로 모르는 이들을 얕잡지 않은 그의 삶은 거르지 않고 쓴 일기 안에서 고스란히 전해진다. 이처럼 자신의 삶을 오롯이 살아 낸 사람들의 이야기가 다른 이들에게 감동을 주는 이유는 그들의 삶 속에 잊혀서는 안 될 가치가 있기 때문이다.

백석과 샤갈이 시와 그림을 통해 남기려고 했던 것도 바로 잊혀서는 안 될 가치였다. 어린 시절, 명절날이면 엄마 아빠를 따라갔던 큰집, 비테브스크에서 보낸 어린 시절에 담겨 있는 소중한 가치를 그들은 시와 그림을 통해 우리에게 전하고 있다. 이제 이들의 작품은, 지나치게 바빠지고 지나치게 똑같아져서 고유한 저마다의 기억과 추억을 잊을 뻔한 우리에게 다가와 속삭인다. 너의 가장 소중한 우리, 너만이 가지고 있는 소중한 기억들을 꺼내 보라고 말이다.

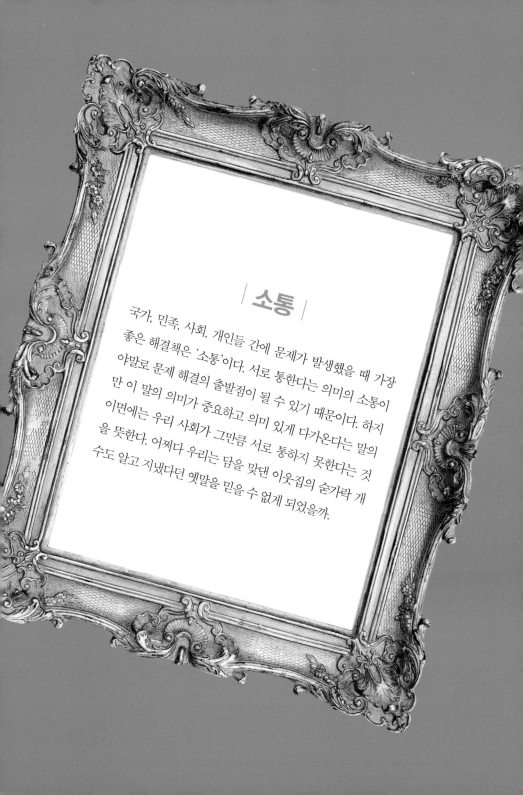

| 소통 |

국가, 민족, 사회, 개인들 간에 문제가 발생했을 때 가장 좋은 해결책은 '소통'이다. 서로 통한다는 의미의 소통이 야말로 문제 해결의 출발점이 될 수 있기 때문이다. 하지 만 이 말의 의미가 중요하고 의미 있게 다가온다는 말의 이면에는 우리 사회가 그만큼 서로 통하지 못한다는 것 을 뜻한다. 어쩌다 우리는 담을 맞댄 이웃집의 숟가락 개 수도 알고 지냈다던 옛말을 믿을 수 없게 되었을까.

솔직하면
안 되니?

김승옥, 「무진기행」 ─── 카스파르 다비트 프리드리히, 〈안개 바다 위의 방랑자〉

나는 다시 '속물' 틈에 끼었다. 무진에서는 누구나 그렇게 생각하는 것이다. 타인은 모두 속물들이라고. 나 역시 그렇게 생각하는 것이다. 타인이 하는 모든 행위는 무위無爲와 똑같은 무게밖에 가지고 있지 않은 장난이라고.

• 「무진기행」 부분

전쟁을 피해 고향인 무진으로 내려온 '나'는 골방에 숨어 전쟁이 끝나길 기다렸고, 사랑하던 희姬가 떠난 뒤에는 과부를 만나 결혼했다. 잠시 고향인 '무진'을 다녀오는 사이 아내와 장인은 나를

카스파르 다비트 프리드리히|Caspar David Friedrich, 〈안개 바다 위의 방랑자|Wanderer uber dem Nebelmeer〉, 1817년경.
함부르크 미술관 Hamburger Kunsthalle

대회생 제약회사의 전무로 만들어 줄 예정이다. 이제 나는 버스를 타고 무진으로 향한다. 나는 고향에 도착해, 나쁘다는 손금을 손톱으로 파 가며 고시에 합격한 뒤 무진의 세무서장이 된 '조'를 만난다. 그는 보잘것없는 집안 대신 출세에 도움이 될 만한 여자를 고르느라 아직 결혼도 못했다. 그의 곁에는 서울에서 성악을 공부했지만 지금은 무진의 중학교에서 음악 교사를 하고 있는 '하인숙'이 있다. 심심하고 할 일 없는 무진을 떠나 서울로 가고 싶지만, 서울에도 그녀를 위해 보장된 것은 하나도 없다. 우연히 조의 집에서 만난 하인숙은 제약회사의 전무가 될 나를 오빠라 부르며 따른다. 또 유행가를 부르는 그녀를 보며 속물들 틈에 앉아서 노래하고 있는 모습이 딱하다며 자리를 뜨는 '박'도 등장한다. 이름 대신 성만으로 등장하는 이들의 속마음과 진짜 모습은 무엇일까.

소설 속 등장인물들은 일상을 살면서 새로운 삶을 꿈꾼다. 작품 속에 등장하는 '나', '조', '하', '박' 등은 모두 현실에 만족하지 못하고 다가올 새로운 날들에 대한 막연한 기대를 품고 산다. 특히 나는 하에게 사랑을 느끼고 그녀를 무진에서 구해 내야겠다고 생각하지만 그의 결심은 실현되지 못한다. 회의에 참석하라는 아내의 전보를 받고 하를 향해 어떤 메시지도 남겨 두지 않은 채 그는 무진을 떠난다. 이런 연유로 이 소설의 주제는 종종 '일상적인 삶과 새로운 삶에 대한 갈등'이라 설명된다. 하지만 무엇보다 이 소설은 안개 속에서 시작했다가 안개 속으로 사라지는 버스와 함께 끝난다는 데 의의가 있다. 등장인물의 시작과 끝이 도무지 명확하지 않다는 점이 이 소설의 가장 큰 특징이다.

작품 속 무진의 명산물은 안개다. 무진을 빙 둘러싸고 있는 산조차 감춰 버리는 안개를, 마치 이승에 한이 있어 매일 찾아오는 여귀가 뿜어 놓은 입김과 같다고 표현한다. 해와 바람 없이 사람의 힘으로는 어찌할 수 없는 존재인 무진의 안개는 먼 곳도 가까운 곳도 잘 보이지 않게 만든다. 이런 무진의 안개 속에 사는 사람들의 마음도 어느새 무진을 닮아 있다. 사랑한다고 고백하는 박의 편지를 조에게 보여 주는 하의 마음과, 하와 결혼할 마음은 없지만 술자리를 함께하는 조의 마음, 어려운 일이 생기면 도망치듯 찾아왔다 돌아가는 나의 마음, 그리고 이들 모두를 속물이라 여기는 박의 마음이 말하고 싶은 것이 무엇인지는 여전히 모호하다.

프리드리히의 〈안개 바다 위의 방랑자〉에 등장하는 남자는 소설과는 달리 안개 속이 아닌 안개 밖에 서 있다. 이 남자는 무엇을 보고 있는 것일까. 카스파르 다비트 프리드리히는 1774년 10남매 중 여섯째로 태어났고 유년 시절 내내 사랑하는 사람들을 잃었다. 일곱 살이 되는 해에 어머니가 세상을 떠났고, 일 년 뒤에는 누이 엘리자베트가 죽었으며, 둘째 누이 마리아는 1791년에 장티푸스로 세상을 떠났다. 또한 열세 살이 되던 해에는 얼음에 빠진 자신을 구하기 위해 몸을 던졌던 동생의 죽음을 지켜봐야 했다. 이로 인해 그는 심한 우울증을 앓았고 자살을 시도하기도 했지만 결국은 살아남아 19세기 독일을 대표하는 화가가 되었다. 그의 그림 속에는 유난히 무엇인가를 바라보는 사람들의 뒷모습이 많이 등장한다. 그들은 무엇을 보고 있을까.

프리드리히는 "화가는 자기 앞에 있는 것뿐만 아니라 자기 내면에서 본 것도 그려야 한다. 내면에서 아무것도 볼 수 없다면 앞에 있는 것도 그리지 말아야 한다"라고 말했다. 그렇다면 그림을 보는 우리는 프리드리히의 그림 속 사람들과 나란히 서서 그들이 바라보고 있는 것을 함께 보아야 한다. 화가가 보았을 내면을 함께 응시하며.

〈안개 바다 위의 방랑자〉 속 남자는 안개를 벗어난 자연의 경이로움 앞에 서 있다. 하지만 그가 저곳에 서 있기까지 안개에 휩싸여 보이지 않는 바위를 더듬었을 것을 생각해 보자. 그는 그곳에서 자연의 신비로움과 경이로움을 보는 동시에 인간의 한계와 연약함도 보지 않았을까. 안개 속을 헤매고 있는 「무진기행」의 주인공들은 하나같이 현재를 부정하고 새로운 삶을 모색하려 한다. 하지만 그들은 상대를 신뢰하지 않고 진심을 보여 주지 않는다. 이익을 계산하고 서로를 속물이라 무시하며 현실의 한계를 벗어나지 못한 채 타협한다. 물론 현실에 깊게 뿌리박힌 삶을 송두리째 흔드는 선택을 하기란 쉽지 않다. 무진을 찾은 나의 공상처럼 새로운 삶에 대한 열망은 신기루처럼 사라지기 일쑤다. 하지만 그렇기 때문에 세상은 함께 살아 내야 한다. 열망과 욕망이 구분되지 않는 세상을 살아가기 위해서는 안개 속에 깊이 감추고 싶은 자신의 부끄러운 마음을 보여 주고 인정하는 용기도 필요하다. 나와 다르고 나에게 이익이 되지 않는다는 것을 알면 비겁하게 도망치고 싶을 때도 있겠지만 말이다.

어쩌면 프리드리히의 〈안개 바다 위의 방랑자〉처럼 삶을 관조할 수 있는 날은 오지 않을지도 모른다. 안개 바다 위를 지나 우뚝 솟은 바위에 오르기가 쉽지 않기 때문이다. 그렇지만 마음 속 안개를 걷어 내고 부끄러운 내면과 마주하는 것은 어떨까. 사랑하는 마음, 미워하는 마음, 가지고 싶은 마음, 버리고 싶은 마음 등 인간에게 생기는 자연스러운 마음들을 펼쳐 놓고, 상대를 속물이라 비난하지 않는 것이 안개산을 오르는 시작일 수 있다. 솔직한 것이 미덕이 아닌 세상이 되어 버린 것 같지만 솔직한 것만큼 무섭고 강한 것 또한 없다. 자연의 일부인 안개는 인간의 힘으로 걷어 낼 수 없지만 마음속 안개를 걷어 내고 서로를 신뢰하고 의지한다면 프리드리히의 그림 속 안개산쯤이야 거뜬히 오를 수 있다. 그런 날이 온다면 프리드리히의 그림도 수정되어야 한다. '안개 바다 위에 홀로 선 방랑자'가 아니라 '안개 바다 위에 함께 서 있는 방랑자들'로 말이다.

소통을 보는 또 다른 시선 1

강수돌, 『팔꿈치 사회』

'물총 싸움'과 '물총 놀이'는 크게 차이가 없는 말처럼 들린다. 어차피 물총에 물을 가득 넣고 상대를 향해 물을 발사하면 되는 것이니 말이다. 하지만 행동이 비슷하다고 이에 임하는 마음까지 같은 것은 아니다. 싸움이라면 이겨야 하고, 놀이라면 즐거우면 그만이다. 하지만 달리기처럼 한 줄로 나란히 달려가 승부를 내야 하는 일을 '놀이'라고 말할 수 있는 사람은 많지 않다. 더구나 이겨야만 하는 달리기라면 상대방이 넘어지든 어떻게 되든 내가 먼저 결승점을 통과해야 한다. 이런 상황에서는 상대가 넘어진 것을 오히려 잘된 일이라고 생각할 수도 있다. 강자는 이기고 약자는 진다. 그리고 이런 승부에 대해 우리는 모두 당연하다고 이야기한다.

이 책은 우리 사회가 어떻게 이런 경쟁을 당연한 것으로 내면화했는지를 다룬다. 서로의 팔꿈치를 부딪치며 앞으로 나아가는 일이 행복한가를 물으며, 나의 승리가 누군가의 패배와 불행을 전제로 한다는 불편한 진실을 알고 있는지 묻는다.

「무진기행」은 '기행紀行', 즉 여행의 기록이다. 정착이 아니라 여행이라는 점과, 소설 속 인물들이 어딘가에 뿌리내리지 못했다는 점에서 프리드리히의 '방랑자'와 비슷하다. 더 많은 부를 얻기 위해 방법을 고민하는 '조', 자신을 무진에서 구해 줄 누군가를 찾는 '하', 타인의 삶에 대해 말하는 '박', 혼자서는 결단하지 못하는 '나'는 안개 속에서 헤매고 있다. 하지만 그림 속 '방랑자'는 다르다. 그림 속 사내는 안개 가운데 있지만 안개에 휩싸여 있지 않다. 산을 오르기엔 매우 부적절한 차림의 사내가 우뚝 솟은 바위 위에 당당하게 서 있는 것은 그림이 현실의 재현이 아니라 상징이라는 것을 보여 준다. 이제 그림은 소설 속 인물들과는 달리 안개 바다와 같은 내면을 내려다볼 여유가 있는 사내의 모습으로 읽힌다.

하지만 안개 속에 깊이 숨겨진 마음을 보는 일은 쉽지 않다. 자신의 욕구가 무엇인지 찾아내는 것도 쉽지 않을뿐더러 그 욕구 앞에서 당당하기도 쉽지 않다. 대개의 욕구란 소비와 소유의 틀을 크게 벗어나지 않기 때문이다. 『팔꿈치 사회』는 이런 욕구가 생겨난 이유가 내재화된 경쟁에 있다고 말한다. 어릴 때부터 듣고 자라는 이야기들은 경쟁을 내재화하는 좋은 도구다. 「토끼와 거북이」 이야기가 말하는 '자만하지 말고 부단히 뛰어야 승리한다'와 같은 교훈은 자연스럽게 경쟁의 논리와 필요를 가르친다. 여기에 등수로 학생을 평가하는 학교 교육, 여론이 선정한 대학 서열까지 더하면 경쟁은 필수 불가한 것으로 귀결된다. 이런 경쟁 사회에서 타인의 삶에 연민을 느끼고 그들과 연대하려는 사람은 어리석은 사람이 되고 만다. 타인에게 연민을 느끼고 함께 살아가려는 시도는 경쟁을 포기한다는 의미이기 때문이다. 더구나 이 사회에서 경쟁을 포기한다는 것은 부자가 되는 일이 아니라 조금 더 가난해지는 일일 수도 있다. 세무서장이 되었지만 출세를 뒷받침해 줄 여자를 고르는 조, 아내 덕에 출세하는 것을 받아들이는 나는 경쟁 사회를 온몸으로 통과하는 사람들이다. 수단이나 과정, 다른 사람들의 행복보다 조금 더 부유하고 편리한 삶이 우선인 이들이다.

'팔꿈치 사회'란 서로의 팔꿈치를 부딪쳐 가며 달려야 하는 경쟁 사회를 뜻한다. 지금 우리는 안개 속에서 내가 치고 있는 팔꿈치가 누구의 것인지도 알지 못하지만, 끊임없이 부딪쳐야 조금 앞으로 나설 수 있을까 말까 한 시대를 살고 있다. 혹은 태어나자마자 수입산 물을 마시고 외국을 옆 동네 다니듯 드나드는 이들의 팔꿈치가, 태어나자마자 보육 시설에 맡겨진 이들의 팔꿈치를 밀치고 앞으로 나아가는 시대이기도 하다. 힘차게 밀쳤으나 앞으로 나서지 못하는 사회는 서로에게 상처만 남기며, 출발점이 다른 경쟁은 말로 표현하기 힘든 절망만을 남긴다. 어쩌면 우리는 안개 속에서 네 팔꿈치를 친 것은 내가 아니라 다른 사람이라며 자신을 합리화하고, 서로를 밀치고 버둥거리며 싸우고 있는지도 모른다. 대기업의 횡포와 가진 자들의 갑질을 욕하면서도 그렇게 되려고 열망하면서 말이다.

앞으로 나서기도 힘든 이 경쟁이 누구를 위한 것인지 생각하고 돌아봐야 할 때다. 바로 이것이 우리가 안개산에 올라가 내려다보아야 할 안개 속 세상이며, 뿌리내리지 못하고 욕망하는 우리의 내면이다.

우리가 알고 있는 「토끼와 거북이」와 조금 다른 윤구병의 이야기를 소개한다. 이 이야기에는 결승선에 늦게 들어오는 놈을 잡아먹겠다며 위협하는 늑대가 등장한다. 늑대는 자신이 위협하면 토끼와 거북이가 서로 빨리 들어오려고 애쓸 줄 알았지만, 토끼와 거북이는 함께 결승선을 통과한다. 당연히 늑대는 둘을 잡아먹으려고 했지만 토끼와 거북이는 늑대의 의도를 파악하고 늑대를 쫓아낸다. 경쟁을 당연하게 여기는 오늘날의 사회에서 이런 이야기는 낭만적으로 들릴 수 있다. 하지만 인간은 이기적인 동시에 이타적인 존재이기도 하다. 체념하고 순응한 채 서로의 팔꿈치로 상처 내기를 계속할지, 서로의 손을 잡고 안개산에 오를지는 안개 속에 남은 우리의 숙제인 셈이다.

너도
그러니?
나도 그래

황석영, 「삼포 가는 길」 — 로이 릭턴스타인, 〈행복한 눈물〉

.

손가락 하나를 움직였을 뿐인데 전화기 속 세상은 실시간으로 전화기 밖의 세상 소식을 전해 준다. 2G, 3G, LTE, LTE-A로 진화하면서 전화기는 단지 먼 거리에 있는 사람들과 목소리를 통해 대화를 나누는 수단이 아닌 생활의 일부가 되었다. 게다가 최근에는 전화기를 발명한 최초의 목적과는 달리, 소리 대신 글자로 소통하는 세상이 열렸다.

낯선 곳을 처음 찾아갈 때, 예전이라면 물어물어 갔겠지만 요즘은 길찾기 앱에 출발지와 도착지를 누르고 시간을 가늠하며 찾아간다. 처음 가는 길이라고 믿기지 않을 만큼 당당하고 가벼운 마

로이 릭턴스타인Roy Lichtenstein, 〈행복한 눈물Happy Tears〉, 1964,
로이 릭턴스타인 재단Roy Lichtenstein Foundation

음이다. 길을 가다 막막해지면 항공뷰를 열어 위치를 확인하고 방향을 결정한다. 내 곁을 지나는 수많은 사람에게 몇 번 소리 내어 물으면 금방 찾을 수 있는 길도 여러 번의 절차를 거쳐야 하는 휴대전화로 해결한다. 많은 사람이 이어폰을 끼고 세상에서 들려오는 소리를 막거나 손 안의 세상과 고요한 소통 중이기 때문이다. 낯선 이의 물음에 대부분 대답 대신 의심과 경계, 귀찮은 눈빛을 던진다는 것을 알기에 더 이상 낯선 사람들과 소통하려 들지 않는 것인지도 모른다. 매우 사소한 것들조차도.

물론 복잡한 도심 속에서 스쳐 가는 사람들은 어릴 때부터 귀가 따갑도록 듣던 '낯선 사람'들이다. 언제 어떻게 변할지 예측할 수 없으니 사소한 일이라도 얽히지 않는 것이 최상이고, 혹 얽히더라도 서로에 대해 예의를 지키며 오해 살 일을 하지 않아야 한다. 도심이라는 정글에서 살아남으려면 다른 무리에 쉽게 끼어들면 안될 뿐 아니라, 낯선 이를 나의 무리로 끌어들이는 일 또한 매우 신중해야 한다. 도심 속 사람들은 진공의 유리관에 갇힌 채 유리관 너머의 사람들을 바라볼 뿐 유리관을 뚫고 나와 서로의 소리를 들으려 하지 않는 시대를 살아간다. 그럼에도 우리는 '소통'이라는 단어를 수많은 곳에서 듣는다. 하지만 이때의 소통은 '남'이 아닌 '나'와 같은 무리 안에서 일어나는 일만을 의미할 때가 많다. '우리끼리의 소통' 말이다.

포스터처럼 원색적인 느낌을 주는 〈행복한 눈물〉은 미국 출신의 화가 로이 릭턴스타인의 작품이다. 익히 알고 있을 만한 앤디 워홀Andy Warhol과 함께 팝아트를 대표하는 화가로 대중문화 중 하나인 만화를 캔버스에 옮기는 작업을 해 왔다. 만화보다도 더 굵은 선과 선명한 색으로 '로맨스'와 '전쟁'을 주된 소재로 표현했는데, 〈행복한 눈물〉은 로맨스의 한 장면이다. 그림 속의 그녀가 왜 눈물을 흘리는지는 각자 상상해야겠지만 어쩐지 그 눈물에는 진심이 담겨 있는 것 같지 않다. 살다 보면 때때로 웃기지 않지만 웃어야 할 때, 슬프지 않지만 눈물을 흘려야 할 때가 있는 것처럼 행복하지 않아도 행복한 척해야 하는 경우도 있다. 이처럼 분위기를 맞추는 일이 소통의 첫걸음이라고 생각한다면, 마음에 내키지 않아도 그림 속 그녀처럼 행복해하며 우는 연기쯤은 쉽게 해야 한다. 행복감의 최고조는 울면서 웃는 모습이니까.

사실 릭턴스타인이 주로 다루는 사랑이나 전쟁은 가벼운 주제가 아니다. 수많은 철학자가 여전히 사랑을 정의하려고 노력하는 중이고 전쟁은 지구에서 사라질 기미가 보이지 않는다. 오랫동안 해결되지 않는 사랑의 문제나 전쟁은 비극이다. 사람 사이, 또는 국가 간의 관계가 깨지는 이유는 진심이 담긴 소통이 없기 때문이다. 자신의 목소리만 내고 타인의 이야기에는 귀 기울이지 않는 것, 진심은 없지만 관계를 유지하기 위해 어쩔 수 없이 행동하는 것이 원인이다. 소통은 무엇이고 어떻게 해야 하는 것일까.

1970년대 우리나라는 전 국토가 공사장이라고 해도 틀린 말이 아니던 시절이었다. 도시에서 공사장 인부로 살던 정 씨도 십 년 만에 고향인 '삼포'로 가는 길이다. 정 씨의 기억 속 삼포는 남아도는 비옥한 땅과 얼마든지 잡을 수 있는 물고기로 둘러싸인 섬이다. 하지만 삼포행 기차를 기다리는 대합실에서 만난 노인은 삼포에 다리가 놓이고 관광 호텔을 짓느라 트럭이 신작로를 질주하는 곳이 되었다고 알려 준다. 기억 속 고향과는 달리 또 하나의 공사장이 되어 버린 삼포로 가는 정 씨의 발걸음은 무겁다. 하지만 공사장이 된 삼포가 반가운 이도 있다. 그와 우연히 동행하게 된 '영달'이다. 마땅히 갈 곳이 없던 영달에게 공사장이 된 삼포는 새로운 일터가 되어 줄 것이기 때문이다. 공사장의 밥값을 떼어먹고 도망치다 정 씨와 동행하게 된 영달과 십 년 만에 고향으로 돌아가는 정씨에게 삼포라는 공간은 전혀 다른 의미를 지닌다. 1970년대는 이처럼 평범한 사람들이 고향을 등지고 떠돌이의 삶을 살 수밖에 없었던 시대다. 가진 것이 없던 이들이 손쉽게 선택할 수 있는 것은 자신의 노동력을 파는 일밖에 없었다. 그리고 여기에 한 명 더, '백화'라는 여자도 마찬가지다. 그녀 역시 고향을 떠나왔고 남자들처럼 힘쓰는 일을 할 수 없던 탓에 군부대와 선술집을 전전하며 삶을 이어 갔다. 스물두 살에 걸맞지 않게 늙어 보이는 행색은 그녀의 거칠었던 삶을 말해 준다. 이제 그녀는 일하던 객주집에서 도망쳐 감천 역으로 향한다.

떠돌이 세 명의 우연한 동행은 비슷비슷한 각자의 처지를 이해하는 계기가 된다. 그들은 함께 하얀 눈을 밟으며 황량한 벌판을 걷는다. 힘들어하는 백화를 업어 주고, 팥 시루떡을 나누고, 비상금을 쪼개 기차표를 마련하는 그들은 서로의 아픔을 외면하지 않는다. 이처럼 황석영의 소설 「삼포 가는 길」은 가진 것 없는 세 사람의 이야기로 채워진다. 우리는 눈발이 내리는 황량한 들판을 서로 의지하며 걷는 세 사람의 모습에서 그들이 서로의 처지를 연민하며 서로 연대하고 있음을 읽을 수 있다. 작품 속 그들은 자신의 내일을 걱정해야 하는 삶을 살고 있지만 서로의 오늘을 염려한다. 경험해 보지 않은 사람들의 위로보다 이 힘겨움을 잘 아는 이들의 위로는 한결 힘이 된다. 이제 소설은, 소통이란 굳이 둘러앉아 대화하는 것에서가 아니라 서로의 입장을 공감하는 것으로부터 시작된다고 말한다.

우리는 아주 편리한 소통의 시대를 살고 있다. 시공간의 제약 없이 수많은 사람과 다양한 이야기를 나눌 수 있지만, '우리끼리'만 소통한다면 그것은 소통이라 부르기 힘들다. 소설 속에서 정 씨, 영달, 백화도 처음부터 '우리'는 아니었다. 이들은 서로의 입장에 공감하고 연민하는 과정을 겪으며 우리가 되었다. 서로 다른 처지와 상황에 처한 이들이 시끄럽게 목소리를 내고 각자의 입장을 이해해 나가며 공감하는 과정이야말로 소통의 과정이다. 그러나 사람들은 시끄럽고 소란스러운 상황을 다툼과 갈등이라고 표현하지 소통이라 하지 않는다. 아마도 이 과정에서 오는 피로감이 크기 때문일 것이다. 하지만 서로를 이해하기 위해서는 다툼과 갈등의 과정도 필요하다. 백화가 정 씨와 영달을 향해 큰소리를 냈던 것도 처음엔 이 낯선 이들을 몰랐기 때문이었다. 이들은 다툼과 의심, 경계의 과정을 겪은 뒤에야 비로소 어디에도 정착하지 못한 채 하루 벌어 하루를 살아야 하는 각박한 서로의 삶을 이해한다. 반면, 원색적인 색깔과 굵은 선들로 마음을 더욱 과장하고 굵은 눈물을 흘리는 릭턴스타인의 여인은 정말 행복해하고 있는 것인지 의심하게 만든다. 그녀가 누구의 앞에서 무엇 때문에 행복해하는지 알 수 없지만, 마음을 숨기고 얼굴만 웃는 그녀의 표정에서 누군가와 소통하거나 공감하는 모습을 발견할 수는 없다.

소설이나 그림은 소통의 모습을 보여만 줄 뿐 우리에게 소통의 방법을 알려 주지는 않는다. 서로의 같음과 다름을 줄여 가며 서로 다른 생각을 나누는 방식은 저마다 다를 수 있다. 하지만 '행복한 눈물'을 흘리며 괜찮은 척, 좋은 척하며 살아가는 삶이 정말 행복한지는 알 수 없다. 막히지 않고 통한다는 소통은 어디에서 찾을 수 있을까.

장 코르미에, 『체 게바라 평전』

체 게바라Che Guevara는 의사이자 혁명가였다. 그는 자신의 고국인 아르헨티나가 아닌 다른 나라의 독립을 위해 헌신했다. 그는 왜 자신의 이익과 무관한 국가를 위해 투쟁했을까. 그는 게릴라전 중에도 손에서 책을 놓지 않은 혁명가로도 유명하다. 전투 중에도 천막을 씌운 학교를 세우고 배움을 강조했다. 무엇보다 그는 땟국이 줄줄 흐르고 배가 불뚝 튀어나오고 콧물이

쉴 새 없이 흐르는 깨복쟁이들을 무릎 위에 앉히고 가르치는 사람이었다. 권위를 내세우는 대신 가난한 이들의 빈곤과 배고픔에 동참했다. 그리하여 사람들은 그를 오래도록 혁명가라 부른다. 그가 위대한 이유는 혁명을 이끌어서가 아니라 자신의 신념에 따른 삶을 살았기 때문이다. 이것이 20세기를 대표하는 프랑스 철학자 중 한 사람인 사르트르Jean Paul Sartre가 체 게바라를 일컬어 "20세기 가장 완전한 인간"이라고 평한 까닭이다.

20세기는 전쟁의 시대였다. 1, 2차 세계대전뿐 아니라 민족 간의 갈등도 끊이지 않았다. 당연한 일이겠지만 전쟁은 사람들의 삶을 파괴했다. 파괴된 도시를 다시 세우면서 사람들은 자본에 취해 갔다. 막강한 자본은 술, 마약, 스포츠, 섹스처럼 자극적인 것으로

사람들의 감각을 마비시켰다. 자본은 과거의 피폐함을 자극으로 위로했으며, 이는 오늘날에도 여전히 건재하다. 하지만 자본이 다른 곳에 비해 힘을 조금 덜 행사하는 나라가 지구상에 있다.

　세계 최고 수준의 의료 국가, 무상 교육을 실시하는 나라로 종종 이야기되는 쿠바는 지구상에 몇 개 남지 않은 사회주의 국가다. 지리적으로는 미국의 플로리다 해안과 매우 가깝지만 쿠바에는 오랫동안 미국 대사관이 없었다(쿠바의 미국 대사관은 외교를 단절한 지 오십사년 만인 2015년 7월 20일에 다시 문을 열었다). 미국의 내정 간섭을 거부하며 1961년 단교를 선언했기 때문이다. 오랫동안 에스파냐의 식민지였던 쿠바는 10년 전쟁과 2차 독립전쟁을 통해 독립을 시도하지만 쿠바 독립은 2차 독립전쟁 중인 1898년에 있었던 미국의 개입으로 이루어졌다. 쿠바는 미국이 개입한 지 단 4개월 만에 에스파냐로부터 독립했다. 하지만 이것은 쿠바가 에스파냐가 아닌 미국의 새로운 식민지가 되었다는 것을 의미할 뿐, 진정한 의미의 독립이라 할 수 없었다. 미국은 쿠바의 정치, 경제에 깊숙이 관여하기 시작했고 척박한 토양과 노동력, 사탕수수 등의 자원은 미국 자본의 지배를 받았다. 1955년 카스트로Fidel Castro와 그의 동지 체 게바라가 나타나기 전까지 말이다.

　체 게바라는 카스트로와 함께 게릴라전을 수행하며 1959년 쿠바 정권을 장악했고 자립을 위한 투쟁을 시도한다. 체 게바라는 쿠바의 정치적·경제적 독립을 위해 노력했던 인물이지만 쿠바인은 아니었다. 그는 아르헨티나인이었으며 의사였다. 동시에 게릴라군이었고, 쿠바의 국립은행 총재, 산업부 장관이자 혁명가이기도 했다. 그는 쿠바가 정치적으로 안정되자 홀연히 쿠바를 떠나 자신을 더 필요로 하는 콩고로 갔으며, 볼리비아의 게릴라전 중에 서른아홉 살이라는 길지 않은 생을 마감한다. 무장 투쟁을 통해 혁명을 일으킨 인물이었지만 그의 삶은 많은 사람에게 감동을 주었다. 그의 삶이 타인에 대한 공감과 연민에서 비롯됐기 때문이다. 그는 타인의 힘을 등에 업고 자신의 이익을 좇는 것이 아니라 스스로의 힘을 통해 끊임없이 타인의 삶을 돌아보았다. 현재 쿠바의 교육과 의료가 세계 최고 수준이 될 수 있었던 까닭은 전투 중에도 손에서 책을 내려놓지 않았던 그의 지성과 무관하지 않다. 체 게바라는 문맹이었던 농민들에 대한 교육을 멈추지 않았고, 그들의 배고픔마저도 함께하려 했다.

릭턴스타인의 〈행복한 눈물〉 속 여인이나 「삼포 가는 길」에서 만난 세 사람을 지나 체 게바라가 떠오른 이유는 그만큼 타인의 삶을 연민하고 공감하며 생각을 실천한 이들이 많지 않기 때문이다. 이제 〈행복한 눈물〉의 과장을 뒤로하고, 「삼포 가는 길」에서 만난 세 사람의 연민과 연대를 떠올려 보자. 대부분의 사람은 체 게바라처럼 열정적 삶을 살아 낼 수 없다. 하지만 자신의 삶을 살아가는 동안 만난 사람들을 위해 거짓 눈물이 아닌 진심 어린 눈물을 흘리며 상처를 보듬고 살아갈 수는 있지 않을까. "우리 모두 리얼리스트가 되자. 그러나 우리의 가슴 속에 불가능한 꿈을 가지자!"라고 했던 체 게바라의 말을 기억하면서.

우리 함께 갈래?

정현종, 「섬」 —— 오병욱, 〈인림 - 충무로〉

사람들 사이에 섬이 있다.
그 섬에 가고 싶다.

• 「섬」 전문

　가만히 열 번을 읊조려 보아도 채 1분이 걸리지 않는 짧은 시다. 그러나 이 기막히게 짧은 시가 주는 여운은 매우 길다. 사람과 사람 사이에 있는 섬은 어떤 섬일까. 화자는 그 섬에 왜 가고 싶은 것일까. 그 섬은 어떻게 하면 갈 수 있을까. 이렇게 시는 끝없는 질문을 만들어 내며 우리 곁을 빙빙 맴돈다.

오병욱, 〈인림-충무로〉, 2005, 국립현대미술관

『프랑켄슈타인Frankenstein』이라는 소설이 있다. 흔히 프랑켄슈
타인을 네모난 모습의 초록 괴물이라 생각하지만 그것은 영화가
만들어 낸 이미지가 각인된 것일 뿐, 프랑켄슈타인은 그 괴물을
만들어 낸 박사의 이름이다. 책 속의 내용은 모두 각설하고, 프랑
켄슈타인 박사는 생명의 원리를 발견했고 해부실과 도살장을 전
전하며 모은 자재(?)들로 새로운 생명체를 만들어 낸다. 하지만
생명 없는 육신에 숨을 불어넣겠다는 그의 열정은 실현과 동시에
공포와 혐오를 불러일으켰고 박사는 창조물을 버리고 도망간다.
이유도 모른 채 버림받은 창조물은 이제 박사가 사랑하는 가족,
친구, 연인을 죽이기 시작한다. 물론 그도 처음부터 사람을 죽이
려 했던 건 아니다. 사람들을 이해하고 싶었지만 그들은 매번 그
의 모습에 놀라고 도망쳤다. 영생을 발견하여 세상을 놀라게 하고

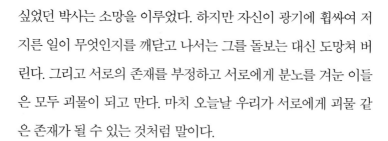

싶었던 박사는 소망을 이루었다. 하지만 자신이 광기에 휩싸여 저지른 일이 무엇인지를 깨닫고 나서는 그를 돌보는 대신 도망쳐 버린다. 그리고 서로의 존재를 부정하고 서로에게 분노를 겨눈 이들은 모두 괴물이 되고 만다. 마치 오늘날 우리가 서로에게 괴물 같은 존재가 될 수 있는 것처럼 말이다.

정현종의 「섬」이 발표될 당시 우리나라는 급속한 산업화와 도시화의 한가운데를 지나고 있었다. 농촌을 떠나 도시로 흘러든 사람들은 서로에게 무관심해졌을 뿐 아니라 서로를 경계하기까지 했다. 옆집 숟가락 개수까지 알던 농촌 공동체와 달리 옆집에 누가 사는지도 궁금하지 않은 시대가 시작되었다. 그런 시대에서 여전히 공동체의 향수를 지니고 있던 시인은 '사람들 사이에 섬이 있고, 그 섬에 가고 싶다'고 말한다. 여기서 중요한 것은 각각의 사람이 섬이 된 것이 아니라 사람들 사이에 섬이 있다고 말한다는 점이다. 그렇다면 사람은 무엇일까. 섬이 있으니 세상은 거대한 바다가 될 수 있고 사람은 그 속을 헤엄치는 물고기이거나 떠다니는 한 척의 배일 수도 있다. 시인이 가고 싶다는 이 섬은 거센 파도와 심한 바람이 부는 바다에서는 피난처가 될 수도 있다. 늘 흐르는 물과 달리 움직이지 않는 섬은 물결이 만들어 낸 소리를 듣고 향기도 품고 있다. 이제 사람들 사이에 있다는 그 섬은 소리를 모으고 향기를 품은 피난처로 이곳을 찾은 이들에게 위로와 공감을 건넨다. 시인은 이런 위로와 공감이 가능한 소통을 '섬'이라 표현하고 있다. 따라서 이 시는 소외와 외면이 아닌 소통과 공감을 원하는 시인의 강한 바람인 셈이다. 만약 프랑켄슈타인의 창조물이 『실낙원Paradise Lost』이 아닌 정현종의 시를 읽었다면 창조주를 원망하는 대신 다른 선택을 할 수도 있었을지 모르겠다. 그러나 소통을 간절히 원했던 정현종의 바람과 달리 대한민국은 1978년 이후 더욱 빠른 속도로 서로를 외면한다. 오병욱의 〈인림-충무로〉는 이런 현실을 더욱 잘 보여 준다.

바다 위의 섬을 노래했던 시인과 달리 화가 오병욱은 서울의 충무로에서 사람으로 이루어진 숲을 본다. 그러나 실재하는 숲과 달리 사람으로 이루어진 숲은 선명하지도 시원하지도 않다. 생기를 잃은 마른 나무처럼 사람들이 뻣뻣하게 서 있을 뿐이다. 게다가 길을 건너는 사람들 사이의 빈 공간에서는 서로에 대한 외면과 경계가 엿보인다. 서로에게 불편을 주지 않을 만큼의 공간은 서로에 대한 배려가 될 수도 있지만 동시에 나 역시 불편을 감수하지 않겠다는 선언이기도 하다. 16차선의 넓은 길을 그대로 옮겨 놓은 것 같은 엄청나게 넓은 그림 앞에 서면 어느새 그림 속의 한 사람이 된다. 하지만 그림 앞에서 느꼈던 소통의 부재를 금세 잊어버리고 그들처럼 소리 없이, 혹은 귀를 막은 채 길을 건너는 자신을 발견한다. 각자의 사연으로 지치고 힘든 사람들, 그들에게 필요한 것은 무엇일까.

정현종과 오병욱은 같은 시대를 살며 소통하지 않는 사람들에 대해 문제를 제기하고 있다. 오병욱은 말과 생기를 잃은 사람들의 모습을 그대로 보여 주고, 정현종은 그런 시대에 가고 싶은 섬을 노래한다. 소통의 도구와 창구가 넘쳐 나는 세상이다. 언어의 장벽은 번역기가 해결해 주며 인터넷은 전혀 알지 못하는 사람들과의 만남도 가능하게 한다. 하지만 바로 눈앞을 지나는 사람에 대해서는 무심하다. 어린아이를 업고 버스에 탄 젊은 엄마, 무거운 짐을 들고 계단을 올라가는 할머니에게 선뜻 다가서지 못하며 친절을 베풀지도 못한다. 그것은 마음이 없어서가 아니라 생각을 실천으로 옮겨 본 적이 별로 없어 어떻게 먼저 말을 건네야 할지 모르기 때문은 아닐까. "도와드릴까요?", "여기 앉으세요"와 같이 서로에게 마음을 전하는 매우 쉬운 말도 건네 본 적이 없기 때문에 말문이 떨어지지 않는 것이다.

시인과 화가가 말하는 소통은 그리 멀리 있지 않을 수도 있다. 경계의 눈빛으로 상대를 바라보기 전에, 타인을 외면하며 지나치기 전에 눈길 한번 보내고 따스한 말을 건네는 것이 소통의 시작일 수 있다. 세상이 한 사람으로 변할 수는 없지만 그 한 사람이 모이고 또 모이면 작은 변화쯤은 이루어 낼 수 있지 않을까. '게릴라 가드닝Guerrilla Gardening'(방치된 땅, 잘 관리되지 않는 땅에 정원을 가꾸는 활동)이 회색의 도시에 초록의 활기를 찾아 주듯 우리가 건넨 한마디가 물기 잃은 사람들의 삶에 촉촉한 빗방울이 될지 누가 알겠는가.

소통을 보는 또 다른 시선 3

지그문트 바우만, 『고독을 잃어버린 시간』

복잡하고 바쁜 일상을 살다 보면 무엇인가를 잃어버렸다는 사실을 뒤늦게 깨달을 때가 있다. 이 책은 우리가 잃어버린 것이 '고독'이라고 말한다. 하지만 자주 외롭다고 느끼는 사람들은 의아하다. 언제 우리가 고독을 잃어버렸지?

지그문트 바우만Zygmunt Bauman은 자본이 지배하는 이 세상 속에서 우리는 외로울 수 없다고 말한다. 쉼 없이 돌아가는 CCTV, 실시간으로 전해지는 전 세계 소식들과 메시지 알림들 속에서 혼자 있어 외롭지만 외로울 수 없는 세상을 살고 있다. 간혹 자신의 집에서만큼이라도 고독한 시간을 보내고 싶은 사람들은 타인의 출입을 철저하게 막아 주는 비싼 집을 마련하지만 많은 돈을 지불하고 고독을 샀다고 믿고 위로받을 뿐, 집 안에 들어와서도 문을 잠근 채 타인을 경계한다. 그만큼 낯선 사람들은 불확실하며 예측 불가능하기 때문이다.

'켄타우로스Kentauros'는 반은 말이고, 반은 인간의 모습을 한 신화 속 종족이다. 신화 속 켄타우로스는 말처럼 빠르고 인간처럼 생각할 수도 있지만 신들에게 환영받지 못하는 방해꾼이며 사람들에게는 괴물이다. 인간과 다른 켄타우로스의 강인한 육체는 축복이 아니라 '달라서' 함께할 수 없는 위협적인 요소다.

도시에서 살아가는 우리는 서로에게 켄타우로스 같은 존재다. 나와 다른 공간과 시간을 살아가는 사람들은 서로에게 낯선 존재이며 경계해야 할 대상이다. 그 결과 우리는 타인과 함께하기보다는 '혼자'가 더 안전하다고 느끼며, 이런 고독을 '돈'으로 살 수 있다고 믿는다. 오늘날 도심의 아파트에서 외부인과 입주민의 출입구를 구분하는 것은 이런 욕구가 반영된 결과다. 아파트가 비쌀수록 아파트 내부로 들어가는 일은 어렵다. 설령 출입구를 통과하더라도 집 안으로 들어가기 위해 출입 카드, 비밀번호 등 여러 관문이 기다리고 있다. 하지만 몇 번의 관문을 통과하여 도착한 그곳은 정말 안전할까.

우리는 집 안으로 들어가도 타인의 침입을 늘 경계하며 불안해한다. 지그문트 바우만은 『고독을 잃어버린 시간』에서 도시의 이런 문제와, 낯선 것이 만들어 내는 예기치 않은 일을 피하려는 사람들에 대해 이야기한다. 물론 이들이 돈으로 사는 것은 '안전' 그자체가 아니라 '안전하다는 느낌' 정도에 불과하지만 말이다.

도시는 그의 지적처럼 매우 낯선 사람들이 우글거리는 공간이다. 또 낯선 사람들은 불확실하고 예측 불가능하다. 그렇다면 낯선 사람들은 모두 피해야만 하는 것일까. 지그문트 바우만은 이런 예측 불가능이 만들어 내는 관용과 공감이 도시에 있어야 한다고 말한다. 아이들을 보호하기 위해 수영장의 물을 빼고 수영을 배우라는 어리석은 일을 해서는 안 된다고 말한다.

그의 이런 당부는 정현종이 가고 싶다는 '섬'과 닿아 있는 것처럼 보인다. 타인을 의식하기만 할 뿐 다가서지 못하는 모습이 아니라, 낯선 사람들이 만들어 낸 바다의 물결이 닿는 섬 말이다. 낯선 물결을 따라 섬에 다다랐을 때 비로소 우리는 서로의 여정에 대해 말하고 이해할 수 있을 것이다. 하지만 끊임없이 타인을 의식하며 오병욱의 '인림' 속을 헤매는 우리는 정작 자신을 돌아볼 고독의 시간조차 잃어버린 체 살아가고 있는 건 아닐까.

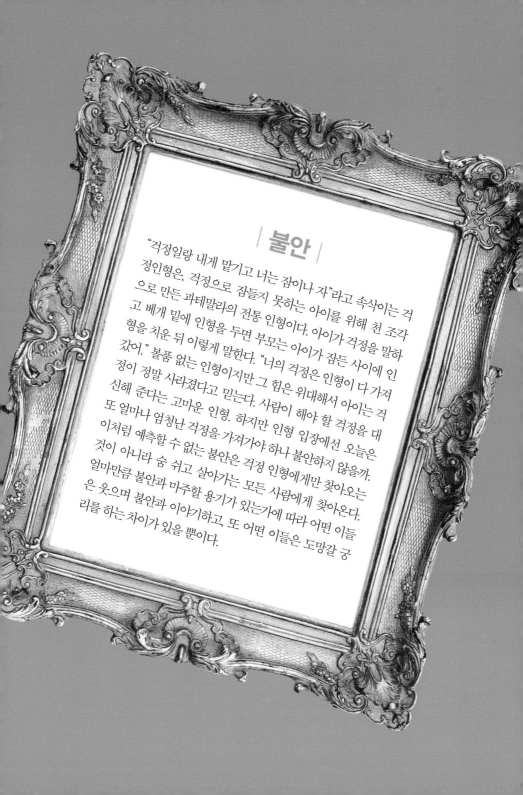

| 불안 |

"걱정일랑 내게 맡기고 너는 잠이나 자"라고 속삭이는 걱
정인형은, 걱정으로 잠들지 못하는 아이를 위해 천 조각
으로 만든 과테말라의 전통 인형이다. 아이가 걱정을 말하
고 베개 밑에 인형을 두면 부모는 아이가 잠든 사이에 인
형을 치운 뒤 이렇게 말한다. "너의 걱정은 인형이 다 가져
갔어." 볼품 없는 인형이지만 그 힘은 위대해서 아이는 걱
정이 정말 사라졌다고 믿는다. 사람이 해야 할 걱정을 대
신해 준다는 고마운 인형. 하지만 인형 입장에선 오늘은
또 얼마나 엄청난 걱정을 가져가야 하나 불안하지 않을까.
이처럼 예측할 수 없는 불안은 걱정 인형에게만 찾아오는
것이 아니라 숨 쉬고 살아가는 모든 사람에게 찾아온다.
얼마만큼 불안과 마주할 용기가 있는가에 따라 어떤 이들
은 웃으며 불안과 이야기하고, 또 어떤 이들은 도망갈 궁
리를 하는 차이가 있을 뿐이다.

너,
지금
불안하니?

김려령, 『우아한 거짓말』 ── 에드바르 뭉크, 〈절규〉

"나는 날마다 죽음과 함께 살았다. 나는 인간에게 치명적인 두 가지 적을 안고 태어났는데, 그것은 병약함과 정신병이다. 질병, 광기, 그리고 죽음은 내가 태어난 요람을 둘러싸고 있던 검은 천사들이었다."

〈절규〉라는 작품으로 잘 알려진 에드바르 뭉크의 일기 중 한 부분이다. 그는 다섯 살에 어머니를 폐결핵으로 잃고, 몇 년 뒤엔 누나인 소피에마저 같은 병으로 잃는다. 그의 여동생 중 한 명은 어린 나이에 정신병 진단을 받았고, 다섯 형제 중 유일하게 결혼했

에드바르 몽크Edvard Munch, 〈절규Skrik〉, 1893,
오슬로 국립미술관Nasjonalmuseet for kunst, arkitektur og design

던 남동생 안드레아는 결혼식을 올린 지 몇 달 만에 죽고 말았다. 뭉크 자신도 병약하여 류머티즘, 열병, 불면증 등으로 고통받았다. 평생 죽음이라는 불안과 맞서야 했던 뭉크는 그럼에도 반세기를 훌쩍 넘긴 여든한 살까지 생을 이어갔다. 이런 그의 삶은 〈병실에서의 죽음Der Tod in Der Krankenstube〉, 〈병든 아이Det syke barn〉, 〈죽은 사람을 누인 침대Das Totenbett〉 등 제목만으로도 장면이 상상되는 어둡고 슬픈 그림과 연결되어 있다. 그의 그림을 보고 있으면 닿을 수 없는 건강과 행복보다 자신에게 주어진 상처를 바라보고 어루만지기를 선택한 것처럼 보인다. 그가 일기에서 자신의 병약함과 정신병을 고백했던 것처럼 그림은 자신의 병약함과 정신병, 고통과 슬픔을 말하는 다른 방법이었던 셈이다. 사람들이 음울하고 스산한 그의 그림에 '죽음의 미학'이라는 이름을 붙여 준 까닭도 그의 고백이 진정한 울림을 주기 때문이다.

"꺄아악!" 하는 소리가 들릴 것만 같은 에드바르 뭉크의 〈절규〉 속 인물은 무엇을 보았기에 온몸으로 공포와 불안, 괴로움과 절망을 느낀 것일까.

어느 날 뭉크는 두 명의 친구와 산책에 나섰다. 두 친구는 뭉크와 상관없이 아름다운 광경에 취해 한가로이 걷고 있었지만 뭉크는 해가 지는 순간, 어둠과 빛이 그 자리를 맞바꾸는 순간 공포를 느꼈다. 그 공포가 그림자처럼 그를 따라다니던 죽음에 대한 공포이든 말로 표현할 수 없는 어떤 두려움이든 뭉크는 공포와 마주

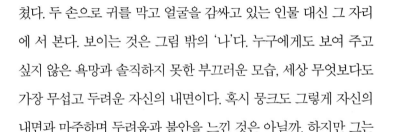

쳤다. 두 손으로 귀를 막고 얼굴을 감싸고 있는 인물 대신 그 자리에 서 본다. 보이는 것은 그림 밖의 '나'다. 누구에게도 보여 주고 싶지 않은 욕망과 솔직하지 못한 부끄러운 모습, 세상 무엇보다도 가장 무섭고 두려운 자신의 내면이다. 혹시 뭉크도 그렇게 자신의 내면과 마주하며 두려움과 불안을 느낀 것은 아닐까. 하지만 그는 섬뜩한 자신의 내면을 있는 그대로 드러내기로 한다. 귀를 막고 눈을 크게 뜨고 온몸이 떨려도 두려운 것을 인정하고 바라보며 극복하기로 한다.

그러나 모두가 뭉크처럼 힘겨움과 맞서는 힘을 가지고 있지는 않다. 만약 어느 누구도 자신의 이야기에 귀 기울여 주지 않는 중학교 1학년 여자아이였다면 어땠을까. 먹고살기 바쁜 엄마, 너무 쿨한 언니 만지는 친구의 은근한 따돌림에 힘겨워하는 '천지'의 마음을 돌봐 줄 여유가 없다. 천지가 자살을 선택할 수밖에 없었던 이유는 오랜 시간 동안 이어진 '화연'의 거짓말 때문이기도 했지만, 천지와 마주 볼 여유가 없는 사람들 때문이기도 했다. 천지는 다섯 개의 봉인 실을 남기고 떠난다. 물론 이 봉인 실의 주인을 찾는다고 해서 천지가 다시 돌아오는 건 아니다. 천지의 언니 만지뿐만 아니라 죽음으로 누군가와 이별한다는 것은 하늘과 땅, 천지天地를 잃는 슬픔이다. 우리는 어쩌다 천지를 잃게 되었을까.

가정이나 학교는 관계를 통해 형성된다. 사람과 사람을 통해 맺어지는 관계는 맺는 것만큼이나 유지하는 것도 쉽지 않다. 취향도 다르고 생각도 다른 이들이 원만한 관계를 유지하려면 배려하고 이해하는 마음이 필요하다. 하지만 이런 이해와 배려 말고도 사람과 돈독해지는 방법이 있다. 그것은 바로 비밀을 공유하거나 누군가의 뒷담화를 하는 일이다. 뒷담화는 공유할 거리를 만들어 주고 은근한 소속감까지 부여한다. 비밀을 주고받을 수 있는 관계야말로 가장 친근하며 은밀한 관계이니 말이다. 물론 뒷담화의 주인공은 어찌되든 상관없다. 중요한 것은 뒷담화 속 인물이 아닌 바로 나 자신이니까.

『우아한 거짓말』 속의 화연도 친구들과 관계를 유지하기 위해 천지를 이용한다. 천지를 뒷담화의 주인공으로 삼았고, 천지는 화연의 거짓에 죽음으로 답했다. 그렇다면 화연의 거짓말을 알고 있던 미라는 왜 방관했을까. 진실을 말했을 때 관계가 깨져 버릴지도 모른다는 두려움, 자신은 뒷담화의 주인공이 되고 싶지 않은 마음, 변할 수 있는 것이 별로 없다는 무기력 때문은 아니었을까. 소설은 우리를 뭉크의 〈절규〉 앞으로 인도한다. 그림 속의 절규는 나를 위해 남을 이용하고, 남은 어찌되든 상관없다고 생각하는 마음, 옳지 않다는 것을 알면서도 용기 내지 못하는 비겁함에서 비롯된다. 차마 인정하고 싶지 않은 모습에 깜짝 놀라 귀를 막고 고개를 흔들어 본다. 하지만 바로 이 순간이 천지를 잃지 않을 수 있는 마지막 선택의 순간이다. 계속 괴로워하기만 할 것인지, 진실을 말하고 문제를 해결해 보려고 노력할 것인지 결정할 수 있는 기회니까 말이다.

많은 사람은 뭉크의 그림 앞에서 불안과 공포를 느낀다. 그러나 불안과 공포만으로 그림을 읽는다면 이 그림은 끝나지 않는 공포 영화와 다르지 않다. 화연과 미라가 거짓과 방관을 멈출 수 없었던 것은 아직 자신의 불안과 마주해 보지 못했기 때문이다. 나쁘다고 생각할 틈도 없이, 자신이 부끄럽다고 생각할 틈도 없이 거짓이 계속 됐고, 내가 아닌 남을 생각하기에 중학교 1학년이라는 나이는 너무 어렸기 때문이다. 하지만 천지가 남긴 봉인 실을 마주하는 순간 그들은 〈절규〉 속 인물의 모습을 하게 될지 모른다. 조금 더 빨리 알았다면 좋았을 진실, 자신의 욕심과 불안이 얼마나 잘못된 것인지 알았을 때 우리는 그렇게 절규할 수밖에 없다.

"저는요, 천지가 너무 힘들었어요……."
"그럼 그냥 '나 너랑 안 놀아.' 하면 됐잖아."
"불쌍해서 어떻게 그래요……."
"너 말 참 우아하게 한다. 불쌍해서 못했다고? 말은 못하면서 행동은 어떻게 했니? 천지가 떠날 정도로 지독하게? 그냥 조금 더 가지고 놀고 싶었어요. 그게 네 진심 아냐?"

천지의 언니 만지가 화연을 향해 던진 말 "너 말 참 우아하게 한다"는 사실 화연을 향한 것이 아니라 우리 모두를 향해 있다. 비슷한 작품을 50여 점이나 남길 정도로 뭉크가 애착을 가졌던 〈절규〉와, 은근한 따돌림에 죽음을 선택할 수밖에 없었던 천지의 이야기 『우아한 거짓말』에서 솔직한 속내가 들킬까 안절부절못하며 불안해하는 우리의 모습을 발견한다. 뭉크가 피하지 않고 자신을 괴롭히는 이유들과 마주했던 것처럼 천지가 남긴 다섯 개의 봉인은 실타래를 받은 이들만 풀 수 있다. 이제 그림 속 사내의 자리에 서서 귀를 막고 놀란 눈으로 그림을 바라보는 자신의 내면과 마주하길 바란다. 그리고 보이는 것과 들리는 것, 해야 하는 것과 말해야 하는 것들을 헤아려 보고 용기를 내 보길 바란다.

에밀 졸라, 『나는 고발한다』

모두가 "예"라고 할 때 "아니오"라고 말하는 사람은 매우 용기 있는 사람이다. 게다가 "아니오"의 이유가 자신의 이익과는 전혀 상관없고 오히려 자신의 삶에서 많은 부분을 잃어야만 하는 상황일 때 "아니오"를 외친다면 그는 더욱 용기 있는 사람이다.

프랑스의 소설가이자 실천가라고도 불리는 에밀 졸라Émile Zola는 이런 용기 있는 사람 중 한 명이다. 그는 국가의 부당한 권력과 사람들의 부당한 편견을 향해 "아니오"라고 외쳤다. 그는 누구를 향해 무엇이 아니라고 외쳤을까.

"진실은 언젠가 밝혀진다"는 말은 영화나 소설 속에서 가능한 세계다. 허구로 가득 찬 그 세계에선 대부분 진실이 승리하거나 설령 승리하지 못한다 하더라도 최소한 보는 이들은 진실이 무엇인지 안다. 그렇다면 정보를 조작하고 감시하기 매우 편리한 현실에서도 "진실은 언젠가 밝혀진다"는 말이 통할까. 그건 알 수 없는 일이다. 알 수 없다고 해야 하는 이유는, 지금 우리가 살고 있는 세상은 진실이라고 알고 있는 일들마저도 어쩌면 진실이 아닐 수도 있는 세상이기 때문이다. '리얼real'이라는 말을 달고 방영되는 텔레비전 프로그램들이 '리얼'이 아닌 것처럼 말이다. 그렇다면 진실은 없는 걸까. 진실은 어디에서 찾아야 하는 걸까.

『목로주점L'Assommoir』으로 유명한 프랑스의 작가 에밀 졸라는 얼굴도 모르는 드레퓌스Alfred Dreyfus를 통해 진실의 문제와 마주한다. 우리는 『나는 고발한다J'accuse…!』를 통해 진실에 대한 졸라의 태도를 엿볼 수 있다. 졸라는 유대인인 드레퓌스 대위가 군사 기밀을 독일에 팔아 넘겼다는 이유로 종신형을 받고 악마섬으로 유배당했다는 점, 필적이 유사하다는 것이 유죄의 근거라는 점, 이 사건의 진범인 에스테라지 소령이 잡혔지만 필적을 감정한 이들의 거짓 증언으로 그에게 무죄가 선고되었다는 점을 고발한다. 하지만 졸라가 진정 고발하려 했던 것은 이 사건의 이면에 자리하고 있는 프랑스인들의 인종과 종교에 대한 편견이었다. 정의와 자유의 나라 프랑스에서 일어난 거짓과 억압을 고발하기 위해 졸라는 당시 대통령인 펠릭스 포르Félix Faure에게 보내는 편지 형식의 글을 『로로르L'Aurore』의 1면에 실었다. 『로로르』와 졸라의 용기로 세상에 발표된 이 글은 그 즉시 사람들을 분노하게 했다. 진실이 왜곡됐다는 사실에 분노하는 사람도 있었고, 유대인을 옹호하는 글이라는 이유로 분노하는 사람도 있었다. 결국 이 글을 발표한 뒤 졸라는 재판을 받았고 징역형과 벌금을 선고받은 뒤 망명을 떠났다. 후에 이 사건은 재심과 사면, 무죄를 선고받는다. 장장 십이 년이라는 세월이 흘러 진실이 밝혀졌지만 졸라는 많은 것을 잃어야 했다. 우리나라에서도 이와 유사한 사건이 있었다. 한국판 드레퓌스 사건이라 불리는 '강기훈 유서대필 사건'은 십육 년 만에야 겨우 진실이 밝혀졌다.

진실은 거창한 일이나 사건에서만 필요한 것은 아니다. 진실을 말하고, 말한 대로 사는 것이 매우 당연한 일인데도 우리는 『우아한 거짓말』의 미라와 화연처럼 살아갈 때가 많다. 우리는 『우아한 거짓말』에서 한 소녀의 거짓말과 마주했다. 매우 사소한 것이라 생각한 거짓은 한 아이의 생명을 앗아 갔고, 외면했던 진실은 한 아이가 죽어서야 밝혀졌다. 사실, 매일 비슷한 일이 반복되는 일상 속을 들여다보면 가끔 거짓을 말해도 별다른 일이 없다. 또 진실이라 말할 만큼 거창한 일도 없는 것 같다. 하지만 진실은 어디에나 존재한다. 억울하고 불합리한 사회문제뿐 아니라 친구와 가족 간에도, 지금 당장 먹다 남긴 음식물에도 진실은 존재한다. 다만 진실을 대하는 태도가 다를 뿐이다. 어떤 이들은 먹다 남긴 음식물이 만들어 낸 쓰레기와 이를 처리하는 비용과 환경 파괴를 염려해 최소한의 것을 소비하려고 노력한다. 하지만 대부분의 사람은 이런 노력이 가져오는 불편함을 견디지 못하고 진실을 외면하고 편안함을 선택한다.

에밀 졸라가, 화연과 미라가 진실을 말함으로써 겪어야 했던 대가 앞에서 우리는 망설인다. 이런 망설임은 잘못된 것이 아니다. 진실에 다가서기 위해서는 이런 망설임을 보는 일부터 시작해야 한다. 망설임과 마주할 때 우리에게 필요한 것은 뭉크의 절규와 같은 태도다. 자신의 이기심과 안일함을 마주할 때 생겨난 놀라움과 두려움이 진실을 향해 나아가는 첫걸음이 될 테니 말이다. 하지만 놀라기만 하고 두려워만 한다면 변할 수 없다. "진실이 전진하고 있고, 아무도 그 발걸음을 멈추게 하지 못할 것"이라 말한 에밀 졸라의 말을 믿어 본다. 진실은 전진하고 있으며 아무도 그 발걸음을 멈추게 하지 못할 것이므로.

아프니까,
그만해!

김소진, 「맨발로 뛰어라」 —— 구본주, 〈Mr. Lee〉

예상하지 못한 죽음 앞에서 할 수 있는 말은 많지 않다. '슬프다, 안타깝다, 아프다' 등의 단어를 나열해 보지만 그런 말들로 갑자기 사라진 이들에 대한 감정을 표현하긴 어렵다. 1963년생인 김소진과 1967년생인 구본주는 비슷한 시절을 살다 하늘의 별이 되었다. 소설가 김소진은 위암으로 서른넷이라는 짧은 생을 마감했으며 조각가 구본주는 불의의 교통사고로 삼십육 년의 짧은 생을 살다 세상을 떠났다.

김소진의 「맨발로 뛰어라」는 철강 회사를 배경으로 이야기가 펼쳐지는 매우 짧은 분량의 단편소설이다. 울퉁불퉁한 근육질의 사내가 이를 악물고 전력질주하는 모습을 본뜬 조각상은 이 회사의 명물이며, 조각상이 놓인 장소에서는 한 달에 한 번씩 전 직원이 참석하는 회의가 열린다. 늦가을 아침, 그날도 조각상 앞에서 총회가 시작되려는 순간 미스 현이 소리친다.

"어머, 어째 저런 일이! 실장님 저기, 저 철강인상 좀 보세요!"

미스 현이 가리키는 쪽을 바라본 임직원들은 깜짝 놀랐다. 철강인상의 맨발에 운동화가 신겨져 있었기 때문이다. 사람들은 회장이 노여워할 것이라 생각했지만 예상과 달리 회장은 미소를 머금고 철강인상에 운동화를 신겨 준 사람의 따스한 마음에 감동받았다고 말한다. 심지어 회장은 운동화를 신겨 준 사람을 찾아 표창하겠다고 하지만 겨울이 지나 해가 바뀌도록 철강인상에 운동화를 신겨 준 사람은 나타나지 않는다. 수소문 끝에 주인공의 윤곽은 밝혀지지만 주인공으로 짐작되는 강 대리는 극구 자신이 한 일이 아니라고 부인한다. 강 대리에겐 어떤 사정이 있는 걸까.

따뜻한 마음의 주인공이 누구인지 정확하게 밝혀지지 않은 어느 날, 회사에서는 조각상의 신발을 벗기기로 한다. 아무래도 적극적인 이미지를 부각하려면 신발을 신은 모습보다 맨발이 낫다고 판단했기 때문이다. 드디어 전 사원이 보는 앞에서 운동화가 벗겨졌고 사람들은 또 한 번 놀랐다. 운동화를 벗은 철강인상의 오른쪽 발등이 심하게 부서져 조각 안의 녹슨 철사 줄이 흉측하게 드러났기 때문이다. 훈훈한 마음의 주인공이라며 쏟아졌던 찬사는 순식간에 경멸로 바뀌었다. 강 대리는 "맨발로 뛰어 본 사람만이

구본주, 〈Mr. Lee〉, 1999, 국립현대미술관, 옆에서 본 모습

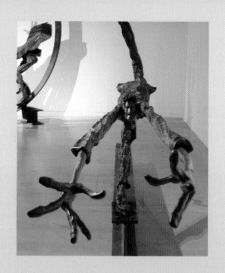

구본주, 〈Mr. Lee〉, 1999, 국립현대미술관, 앞에서 본 모습

맨발의 고통을 압니다"라는 알쏭달쏭한 말이 담긴 사직서를 회사
에 제출한다.

이야기 속 강 대리는 회사에서 인정받는 능력 있는 사원이었지
만 결국 사표를 내고 만다. 그리고 소설가는 사건의 전후 사정을
밝히지 않는다. 독자는 쉽게 강 대리가 해고될 것이라 예측하지만,
어느 누구도 그를 향해 "무슨 일이 있었던 거야?"라고 묻지 않았
다는 점은 눈치채지 못한다. 과정보다 결과를 중시하는 사회에서
사람들은 일의 사정 따위에는 큰 관심이 없다. 강 대리가 겪은 맨
발의 고통이란 바로 이런 무관심에서 출발한 것이 아닐까.

물론 더욱 불안해진 오늘날의 고용시장에서 맨발로라도 뛰고
싶다는 청춘을 만나기란 어렵지 않다. 아슬아슬하긴 하지만 안정
된 지위와 보수를 받는 직장인들은 부러움의 대상이 된 지 오래
다. 하지만 터지고 갈라지도록 뛴 맨발을 세상은 눈여겨보아 주지
않는다. 오히려 현실은 '10개월 계약서'와 같은 용어로 상처 난 맨
발에 소금을 뿌린다.

조각가 구본주는 뜻밖의 사고로 목숨을 잃는다. 그 사고는 촉망
받던 젊은 예술가의 사회적 지위를 '도시 일용 노동자'로 규정한
다. 그의 죽음과 그에 따른 보상을 책임져야 했던 보험회사가 그
의 직업을 '도시 일용 노동자'로 규정했기 때문이다. 그를 실질적
인 소득을 증명할 수 없는 예술가로, 조각을 '육체 노동을 주된 직
업으로 하는 노동'으로 보았기 때문이다. 예술가의 창조적 상상력
따위는 계산에 넣지 않았다. 수많은 수상 경력, 국립현대미술관을

비롯한 20여 곳 이상의 작품 소장처, 그가 보여 준 예술적 역량은 전혀 고려되지 않았다. 돈이 되지 않고 소득을 증명할 수 없는 예술에 대해 기업은 냉정했으며 공정하지 않았다. 만약 구본주가, 외롭고 쓸쓸하며 가진 것 없는 이들을 표현하지 않고 높은 자리에서 큰소리치는 사람들의 취향에 맞는 작품을 창작했다면 어땠을까 궁금해진다. 그가 기업의 비자금을 조성하는 데 일조하는 작품을 만드는 조각가였다면 그의 예술적 역량은 다르게 평가되었을지도 모른다.

구본주가 남긴 〈Mr. Lee〉는 불안의 시대를 살아가는 소설 속 강대리와 같은 직장인들의 모습을 조각한 작품이다. 있는 힘껏 팔과 다리를 뻗어 그가 얻으려고 하는 것은 무엇일까. 그것은 엄청난 명예도 부도 아닌 하루의 양식이지 않았을까. 예술가 구본주가 도시 일용 노동자로 규정되었던 것과 마찬가지로 〈Mr. Lee〉를 닮은 대다수의 직장인들 또한 도시 일용 노동자와 별반 다르지 않은 생활을 이어간다. 회사라는 집단에 소속되어 있지만 회사가 그들의 안정을 영원히 담보하지는 않기 때문이다. 그를 도시 일용 노동자로 규정한 보험회사의 직원들도 역시 도시 일용 노동자다.

짧은 생에 비해 일찍부터 주목받았던 구본주의 작품은 힘든 삶을 살아가는 사람들의 모습을 고스란히 담고 있다. 그가 생전에 남긴 인터뷰에서 말하고 있듯, 누구나 이해할 수 있고 즐길 수 있는 예술을 지향했던 그는 삶과 동떨어진 것이 아닌 삶의 일부를 작품으로 옮겨 놓았다. 〈위기의식〉, 〈이 대리의 백일몽〉, 〈파고다 공원에 파랑새는 없다〉 등 일련의 작품들은 스스로를 중산층이라 믿고 사는 소시민의 비슷한 처지를 조각 작품으로 옮겨 그들을 위로한다. 조각은 삶의 연속일 뿐이라고 말하던 그가 사라진 자리엔 그의 작품과, 우리가 남아 살아가고 있다. 그가 살았던 치열했던 시절보다 더욱 치열한 경쟁과 예상할 수 없는 불안에 떨며 말이다.

김소진과 구본주는 자본주의의 한가운데를 지나는 대한민국을 살았다. 불안한 고용과 그로 인해 더욱 불안한 내일의 삶이 있던 시절이었다. 안타깝게도 지금은 그때보다 더 치열해졌다. 「맨발로 뛰어라」에 나오는 강 대리와 그의 동료들, 〈Mr. Lee〉에 조각된 누군가는 어렵지 않게 만날 수 있는 오늘을 사는 우리의 모습이며, 아침에 일어나 대충 식사를 해결하고 버스를 타는 등 모든 행위에 드는 돈을 벌기 위해 오늘도 분주히 움직이는 사람들, 내일의 불안을 담보로 오늘을 숨 가쁘게 살아가는 우리의 거울이다.

불안을 보는 또 다른 시선 2

한병철, 『피로사회』

우리는 '자기계발'이 필수가 된 세상을 살고 있다. 유아부터 성인, 노년에 이르기까지 세대와 성별을 초월해서 이 사회를 살아가는 자의 의무는 '자기계발'이다. 하지만 언제까지 계발해야 하며, 이 계발을 통해 우리가 정말 행복에 더 다가서고 있는지는 알 수 없다.

이 책은 이런 우리 사회를 "시대마다 그 시대의 고유한 주요 질병이 있다"로 시작하며 진단한다. 한병철은 스스로 끊임없이 계발해야'만' 할 것 같은 이 사회가 겉보기에는 매우 자유로워 보이지만, 사실은 저마다의 노동 수용소를 달고 다니는 사회라고 평가한다. 저마다의 사람들은 이 노동 수용소의 포로이자 감독관으로 끊임없이 자신을 착취한다. 마치 우리가 계발하고 또 계발해도 자신을 부족하다고 느끼는 것처럼 말이다.

우리는 어쩌다 이렇게 되었을까.

직장인들에게 많은 공감을 얻었던 웹툰 〈미생未生〉은 말한다. "버티는 게 이기는 것이다"라고. 이 말에 따른다면 사표를 낸 「맨발로 뛰어라」의 강 대리는 버티지 못한 사람이다. 더구나 이미 벌어진 일에 대한 설명은 의미 없다는 듯, 소설은 그의 행동에 대해

설명하지 않고 끝난다. 반면, 구본주의 〈Mr. Lee〉는 그야말로 버티고 있는 중이다. 저러다 넘어지면 어쩌나 싶을 정도로 버티기 위해 온몸의 근육을 있는 대로 늘리고 뻗는 중이다.

최근 우리 사회의 취업 문제는 곧잘 절벽이라는 말에 빗댈 정도로 심각하다. 이러다 정말 버티거나 버려지는 인생을 살아야 하는 건 아닌지 걱정될 정도다. 십이 년의 공교육과 대학 교육까지 받았지만 세상은 더 노력할 것을 요구한다. 베스트셀러에는 자기 계발서가 빠지지 않고 자리 잡고 있고, 스펙이라는 말이 아무렇지 않게 범람하고 있다. 그러나 과연 그 노력에 끝은 있을까.

독일에서 먼저 출판된 한병철의 『피로사회』는 이처럼 '버티고 있는 사회'를 진단한다. 싸워야 할 적이 눈에 보이지 않는 시대에 사람들은 스스로를 끊임없이 계발하고 또 계발한다. 학생들은 성적표를, 직장인들은 월급 통장에 찍힌 숫자를 가늠하며 스스로를 독려한다. 조금만 더 조금만 더 노력하자고 말이다. 흔히 말하는 '열정 페이'는 자신을 야금야금 갉아먹기를 강요하지만, 설령 아무도 강요하지 않는다고 해도 가만히 있을 청춘은 없다. 성적과 입시 결과, 연봉과 직위라는 성과 때문에 그렇다. 오히려 탈진하고 모두 타 버려서 아무것도 할 수 없는 우울의 상태가 될 때까지 움직인다. 누구도 행복하지 못한 이 상황을 어떻게 설명해야 할까.

우리가 이렇게까지 된 것은 불안하기 때문이다. 더구나 '나는 할 수 있다'라는 지나친 긍정과 '너는 할 수 있다'라는 무책임한 부추김은 '성과를 이룬 사람'과 '그렇지 못한 사람'으로 구분해 버린다. 심지어 함께 살지 못하면 혼자라도 살아남으라고 권하기까지 한다. 우리 사회가 피로한 이유는 혼자라도 살아남기 위해 버텨야 하고 그런 사람만이 이긴 것이라 인정받기 때문이다. 물론 무엇으로부터, 누구에게로부터 인정받는 것인지는 알 수 없다.

그럼에도 한병철은 피로를 권한다. 아이들이 놀이터에서 지겨울 만큼 놀다 느끼는 피로, 사랑하는 연인과 밤새 이야기 나눌 때와 같은 피로가 필요하다고 그는 말한다. 나만 살기 위해서가 아니라 너와 우리를 알기 위한 피로 말이다. 「맨발로 뛰어라」의 강대리를 향해 "그동안 힘들었겠어. 무슨 일이 있었던 거야?"라고, Mr. Lee를 향해 "무엇 때문에 그렇게 급해?"라고 말을 걸고 이야기 나누는 피로함이 필요할 때다.

노력해도
안 되는
일이
있다니!

신경림, 「농무」 ── 오노레 도미에, 《삼등열차》

현재 근무하는 학교 옥상에는 텃밭이 있다. 개교하면서 학교 옥상에 흙을 올렸고, 몇몇 선생님들께서 애써 주신 덕에 농사할 수 있는 땅이 되었다. 학년이 바뀌고 옆 반 선생님께서 옥상에 텃밭을 일군다고 했을 때 '귀찮게 그런 걸 왜 할까?' 하고 생각했다. 대신 교실에 화분을 가져다 놓고 예쁘게 피는 꽃을 보려 했지만 꽃들은 잘 자라지 못했다. 말라 가는 화초들을 보다 못해 학생들에게 "우리도 텃밭이나 가꿀까?"라고 한마디 던졌고, 학생들은 뜻밖에도 "좋아요!"라고 흔쾌히 대답했다. 다행히 아직 남아 있던 옥상의 자투리 땅에 다른 선생님께서 심고 남겨 주신 토마토 모종 몇 개, 시

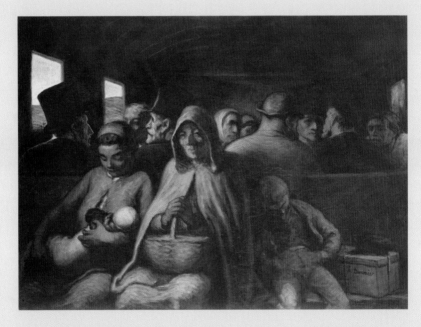

오노레 도미에Honoré Daumier, 〈삼등열차Le Wagon de Troisième Classe〉, 1862~1864,
뉴욕 메트로폴리탄 미술관 The Metropolitan Museum of Art

장에서 사온 고구마와 오이, 상추 모종을 심었다. 잡초를 뽑던 기세와 달리, 시들하게 심어진 모종을 보며 학생들은 "선생님, 얘네들 곧 죽을 것 같아요"라며 의기소침해했다.

땅을 파고 잡초를 뽑고 간신히 만든 다섯 줄 고랑에 모종을 심고 물을 주는 일은 쉽지 않았다. 고구마순은 정말 금방 시들어 버릴 것 같았고 방울토마토와 오이가 싹을 틔우기는 할까 의심만 들었다. 하지만 시간이 흐르면서 고구마순은 힘을 얻었고, 토마토와 오이가 열매를 맺는 기적이 열렸다. 텃밭은 반복되는 일상에 소소한 즐거움을 주었고, 몰랐던 사실을 알려 주는 지식의 밭이 되었다.

하지만 낭만적인 옥상 텃밭과 매일 뜨거운 태양을 마주해야 하는 농촌의 현실은 다르다. 한 톨의 쌀은 7~8개월 동안 여물어야 하고, 감자는 봄에 심어 여름에나 먹을 수 있다. 토마토가 빨리 열리지 않는다고 조급해했던 것에 비하면 농사를 직업으로 갖는 일은 기다림에 익숙해져야 하는 일이다. 게다가 심기만 한다고 되는 것도 아니다. 때를 맞춰 잡초를 뽑아 주고, 묶어 주고, 솎아 주는 일은 점심시간에 잠깐 올라가 물을 주는 것과는 비교할 수 없을 정도다. 하지만 농부들이 들인 정성은 포장된 상태로 마트에 놓여 있는 각종 야채와 곡물에서는 찾아볼 수 없다. 농촌을 떠난 농산물은 비닐 봉투를 타고 도시민에게 넘어와 요리 한 접시가 되어 식탁에 오른다. 30여 분 남짓의 식사 시간을 위해 농산물에 들인 시간과 노력은 가늠조차 되지 않는다.

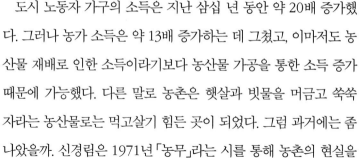

도시 노동자 가구의 소득은 지난 삼십 년 동안 약 20배 증가했다. 그러나 농가 소득은 약 13배 증가하는 데 그쳤고, 이마저도 농산물 재배로 인한 소득이라기보다 농산물 가공을 통한 소득 증가 때문에 가능했다. 다른 말로 농촌은 햇살과 빗물을 머금고 쑥쑥 자라는 농산물로는 먹고살기 힘든 곳이 되었다. 그럼 과거에는 좀 나았을까. 신경림은 1971년 「농무」라는 시를 통해 농촌의 현실을 이미 말한 바 있다. 그럼에도 여전히 농촌이 살기 힘들다는 것은 지난 사십여 년 동안 죽 그렇게 힘들었다는 뜻이다. 「농무」는 이렇게 시작한다.

징이 울린다 막이 내렸다
오동나무에 전등이 매어달린 가설무대
구경꾼이 돌아가고 난 텅 빈 운동장
우리는 분이 얼룩진 얼굴로
학교 앞 소줏집에 몰려 술을 마신다
답답하고 고달프게 사는 것이 원통하다

그렇다. 한차례 신명 나게 농무를 추었지만 현실은 답답하고 원통할 뿐이다. 뙤약볕 아래에서 열심히 일해도 돌아오는 것이 충분하지 않기 때문이다. 농사꾼들이 할 수 있는 것은 술의 힘에 기대어 쓸쓸함과 원통함을 달래는 것밖에 없다.

비료값도 안 나오는 농사 따위야

아예 여편네에게나 맡겨두고

쇠전을 거쳐 도수장 앞에 와 돌 때

우리는 점점 신명이 난다

한 다리를 들고 날라리를 불거나

고갯짓을 하고 어깨를 흔들거나

　시가 보여 주는 농촌의 현실은 '비료값도 나오지 않는 농사'다. 그러나 그들은 신명 나게 춤을 추고 날라리를 분다. 문제가 해결되어서는 아니다. 이들은 술에 취했고, 이 어려움을 함께 겪고 있다는 동질감 때문에 신명을 낸다. 비록 지금은 매우 힘들지만 앞으로는 나아질 것이라는 기대감도 있을지 모른다. 시인은 「농무」를 통해 절망과 희망을 동시에 보여 주었다. 1970년대의 현실은 원통하고 답답하지만 시대를 대하는 농부들은 긍정적이었다.

　자유와 평등, 박애의 나라로 알려진 프랑스는 1789년, 1830년, 1848년 혁명을 거치며 완성된 나라다. 이 시기 귀족과 교회의 지지를 받는 왕의 군대와 프랑스 국민의 대립은 극심했다. 영화 〈레미제라블Les Misérables〉이 보여 줬듯 나이가 많거나 적거나, 남자이거나 여자이거나 모든 국민이 총을 들고 왕의 군대와 싸웠다. 오노레 도미에는 바로 이런 혁명의 시대에 태어났다.

　도미에는 1789년 프랑스 혁명이 끝나고 나폴레옹이 황제가 된

뒤인 1808년에 태어났다. 당시 많은 사람이 그러했듯 그 역시 가난했으며 제대로 된 학교 교육을 받을 수 없었다. 대신 학교가 아닌 파리의 거리에서 세상을 배웠다. 센 강에서 빨래하는 가난한 여인들, 화려한 상점이 늘어선 팔레 루아얄Palais-Royal 거리 등이 그의 배움터였다. 그는 길에서 만난 가난한 사람들을 관찰하고 표현하고 그렸지만 미술학교에 진학하지 못하고 서점 점원으로 취직한다. 그는 서점의 유리 너머에 비친 사람들을 바라보며 자신의 꿈을 키워간다. 훗날 파리에서 가장 유명한 판화가가 된 그의 어린 시절은 가난으로 시작해서 가난으로 끝난다. 도미에가 동판보다 석판을 선호했던 까닭도 가난과 무관하지 않다. 섬세한 석회암에 유성물감으로 그림을 그려 찍어 낸 뒤 인쇄하는 간단하고도 빠른 판화는 먹고살아야 하는 그에게 가장 적합한 표현 방법이었다. 그는 가난했지만 신념이 있었다. 거리의 사람들이 스승이며 학교였던 것처럼 그의 시선은 이웃과 어렵고 억울한 이들의 편에 가 있었다.

혁명을 거쳤지만 프랑스 정부는 여전히 부패했고 권력을 잡은 이들은 생각이 다르다는 이유로 상대편 사람들을 죽였다. 누가 나라를 다스려도 큰 문제가 되지 않는다고 생각했던 평범한 사람들은 상대 진영에 가해지는 무자비한 폭압과 탄압을 지켜보며 공포에 떨어야 했다. 그럼에도 정부는 시민들의 저항을 더 강하게 봉쇄하고 언론을 통제했으며, 자신들의 이익과 부는 끊임없이 쌓아갔다. 그 모든 것이 시민의 피와 땀으로 된 것임을 모르는 것처럼.

도미에의 판화 중 〈가르강튀아Gargantua〉는 이런 프랑스의 현실을 적나라하게 보여 준다. 허약한 하체로 의자에 앉아 컨베이어 벨트 같은 혀를 내밀고 있는 이는 프랑스의 국왕 루이 필리프Louis Philippe다. 그의 입으로 끊임없이 빨려 들어가는 금화는 비쩍 마른 백성들의 수고로 만들어진 것이다. 게다가 튀어나온 배를 주체하지 못한 채 탐욕스럽게 식사하는 그는 동시에 배설물을 쏟아 낸다. 그가 앉은 의자 아래에 몰려 앉은 귀족과 의원 들은 훈장으로 변한 왕의 배설물을 가지려고 아우성친다. 도미에는 혁명의 주체와 주인공이 바뀐 상황을 한 장의 판화를 통해 보여 주었다. 그리고 며칠 뒤 그는 체포된다. 그러나 이후에 제작한 판화와 조각품 등에서도 여전히 가진 자들의 무능과 탐욕을 비판했으며 거리의 사람들과 억울한 이들을 향한 시선을 거두지 않았다.

도미에의 걸작 〈삼등열차〉는 반복되는 혁명으로 세상이 어떻게 변해도 그와는 별개로 계속되는 삶을 이야기한다. 곧 사그라질 듯한 빛이 스민 열차 안에서 아이에게 젖을 물리는 엄마와 기도하는 듯하지만 피곤한 기색이 역력한 할머니, 잠에 빠진 아이는 당시의 힘없고 가난한 이들이다. 굳이 그들의 사정을 듣지 않아도 하루하루를 연명하기 위해 일해야 하는 힘겨운 삶이라는 것을 짐작할 수 있다. 이처럼 도미에는 단 한마디도 하지 않고 파리 시민의 고생스러운 삶을 보여 준다. 더불어 이들의 고생이 누구를 위한 것인지도 묻고 있다.

신경림과 오노레 도미에는 열심히 일하지만 힘겨운 삶을 이어가는 사람들의 이야기를 전한다. 열심히 일하는데 힘겨운 삶이라니, 정말 억울하고 분통이 터질 일이다. 그런데 왜 열심히 일해도 비료값이 나오지 않을까. 신경림은 그저 술에 취해 신명 난 농부들을 보여 주고 있지만 진짜로 하고 싶었던 말은 그들이 술에 취할 수밖에 없었던 구조적 모순이 아니었을까. 열심히 일해도 제대로 된 보상을 받을 수 없다면 그건 개인의 잘못이 아니라 구조적인 문제일 테니 말이다. 도미에의 그림도 마찬가지다. 젖먹이 아이를 데리고 일하는 여인, 곧 쓰러질 것만 같은 노인, 뛰어놀아야 할 아이까지 노동의 현장으로 내몰고 있는 현실은 혁명의 아름다운 이상과 어울리지 않는다.

그렇다면 최저 시급이 6,030원인 대한민국은 어떨까. 열심히 일한 만큼 보상받고 평등한 삶을 이어가고 있을까. 대답은 각자의 몫이겠지만 아마 대부분은 고개를 저을 것이다. 오히려 오래도록 이어진 팍팍한 현실로 서로에 대한 이해와 연대를 부수고 나만 잘살 수 있는 방법은 없는지 고민하고 있을지 모른다. 서로 부딪치고 밟고 누르며 나만 우뚝 서길 바라는 마음까지 부추기며 말이다. 열심히 공부하고 스펙을 쌓아도 미래를 내다보기 점점 힘들어지는 세상은 「농무」 속 농부들의 연대와 달리 불안하다. 그리고 그 불안을 떨쳐 내기 위해 우리는 또다시 경쟁하기를 반복한다. 영화 〈설국열차〉가 서로 다른 칸을 만들어 내다 결국 탈선하고 전복된 것처럼 불안과 경쟁만이 계속된다면 지금 우리가 타고 있는 기차도 안전하지 않다. 그런데 과연 우리는 어느 칸에 타고 있을까.

불안을 보는 또 다른 시선 3

마이클 샌델, 『돈으로 살 수 없는 것들』

『베니스의 상인The Merchant of Venice』에서 베니스의 상인이었던 안토니오는 자신의 신용을 담보로 고리대금업자인 샤일록에게 돈을 빌리면서, 만약 돈을 갚지 못한다면 살 1파운드를 주겠다고 약속한다. 이들은 '돈'과 '신용'을 거래했다. 이처럼 신용은 눈에 보이지는 않지만 거래의 대상이 될 수 있다. 작품 속에서 안토니오는 포셔의 지혜로 목숨을 건지지만 이는 시장의 원리와는 맞지 않을 수도 있다. 하지만 이 거래 자체가 과연 올바른 것이었는가는 다른 문제다.

마이클 샌델Michael Sandel은 시장을 형성하여 거래된다면 무엇이든 올바르고 합리적인 것인지 묻는다. 이 책은 사랑, 생명, 도덕처럼 이전에는 거래 대상이 아니었던 것들을 거래하는 시장이 과연 올바른 것인지 묻고 있다.

놀이동산에 갔다. 사람들이 많았고 "여기서부터 1시간"이라는 팻말이 대기 시간을 알려 준다. 자기 차례가 되기를 기다리는 사람들 사이로 몇몇 사람이 텅 빈 통로를 따라 앞으로 간다. '우선 탑승권'을 사서 기다리지 않고 놀이기구를 탈 수 있는 사람들이다. 기다림의 시간을 돈으로 산 것이다.

철 지난 유행어지만 "얼마면 되는데?"라는 말은 사람의 마음마저 돈으로 살 수 있다는 믿음을 보여 준다. 물론 드라마에 등장한 이 대사는 마음은 돈으로 살 수 없다는 것을 보여 주기 위해 사용되었지만, 만약 이 상황이 드라마가 아닌 현실이었다면 상대의 마음을 사기가 훨씬 쉬웠을지도 모른다.

아무리 "돈, 돈" 하는 세상이 되었다고는 하지만 많은 사람은 돈으로 살 수 없는 것이 존재한다고 믿는다. 공기, 생명, 건강처럼 눈에 보이지 않는 것들은 거래의 대상이 될 수 없다고 믿는다. 하지만 유럽연합은 탄소 배출권을, 테러 단체는 인질의 목숨을 돈으로 거래한다. 우리나라가 메르스로 몸살을 앓고 있을 때 문화체육관광부는 침체된 여행 경기 회복을 위해 외국인이 한국을 여행하다가 메르스에 걸리면 300만 원을 주겠다는 황당한 정책을 제안하기도 했다. 이는 '혹시나' 하는 여행자들의 불안을 300만 원과 교환하겠다는 발상이다. 금연자들에게 보상금을 주겠다는 것은 건강을, 사랑 고백이나 사과를 대행해 주는 서비스는 마음을 사고판다.

가만히 앉아 생각해 보자. 돈으로 살 수 없는 것들이 있는가. 마이클 샌델은 눈에 보이지 않는 윤리와 같은 가치가 거래 대상이 되는 것을 우려한다. 심지어 신을 만나러 나서는 신성함 앞에서조차 돈은 위력을 발휘한다. 교황 베네딕토 16세Benedictus XVI가 미국을 처음 방문하여 뉴욕 시와 워싱턴 소재 경기장에서 미사를 집전한다는 소식이 발표되자, 미사에 참석하려는 사람이 너무 많아 입장권이 암표로 매매되었던 일이 있었다. 돈으로 표를 사고 신을 만나 무엇을 구했을까. 가진 것에 감사하며 나누지 못한 것을 회개하진 않았을 것 같다. 신 앞에 나가 겸손하기보다 교황을 만나고 사진 찍는 일이 더 중요했을 테니 말이다.

우리는 「농무」와 〈삼등열차〉에서 가난한 사람들을 만났고, 이후로 숱한 날이 지났다. 농무를 추며 함께 술을 마시던 이들도 어디론가 흩어졌다. 분칠을 하며 몰려다녔던 그들은 이제 저마다의 자리에서 저마다의 생을 이어가고 있다. 주변을 돌아보지 않고 자신이 남들보다 앞서고 있는지만 확인한다. 열심히 살아도 나아지지 않는 삶에 대해 이야기해 보았지만 메아리가 되어 돌아왔을 뿐 현실은 달라지지 않았다. 이제 그들은 자신이 탄 열차가 삼등열차가 아닌 것에 가슴을 쓸어내리며 다른 사람과 함께 앞으로 나아갈 생각을 하지 않는다. 이들은 삼등열차 칸 사람들에게는 따가운 눈초리를, 일등열차 칸 사람들에게는 부러움의 시선을 보내며 혼자 더 좋은 칸으로 옮겨 가기 위해 애쓴다.

경쟁과 불안은 밖에서 오는 것이 아니라 안에서 시작된다. 안에서 튀어나온 불안은 살 수 있는 것들이 늘어 갈 때마다 줄어들지 모른다. 하지만 매우 싼 가격으로 사던 물건 가격이 어느 순간 갑자기 치솟아 살 수 없게 됐을 때처럼 '지금은 살 수 있는 것'이라고 믿는 것들도 곧 '살 수 없는 것'이 될지도 모른다. "과연 돈으로 살 수 없는 것들이 존재하기는 할까?"라는 마이클 샌델의 질문에 어떻게 답해야 할지 고민해야 할 때다.

| 소비 |

블루 마블Blue Marble 이라는 보드 게임이 있다. 게임용 돈으로 나라를 사고 건물을 짓는다. 던진 주사위에 나온 숫자만큼 비행기 모양의 말을 옮긴다. 이때 자신의 땅이 아닌 곳으로 지나가려면 그 땅의 주인인 상대편에게 통행료를 지불해야 한다. 그야말로 모든 일에 '돈'이 필요하다는 것을 보여 주는 게임이다. 만약 자신에게 주어진 자본을 잘못 관리하여 더 이상 게임을 진행할 수 없으면 파산을 선언하고 게임에서 빠져야 한다. 돈이 없는 상대는 더 이상 함께 놀 '자격' 또한 없기 때문이다. 이 게임의 냉정함은 우리 사회의 모습과 그대로 닮아 있다. 무엇인가를 살 자격은 바로 '자본'의 유무에 있다. 이제 냉정한 이 사회가 권하는 소비에 대해 이야기해 보려고 한다. 소비란 과연 무엇인가.

벌자,
벌자,
돈을
벌자꾸나!

박민규, 「그렇습니까? 기린입니다」 —— 에두아르 마네, 〈올랭피아〉

    1865년 마네가 살롱전에 〈올랭피아〉를 출품했을 때 많은 사람이 충격에 빠졌다. '고릴라 암컷', '저속한 고급 매춘부'라는 비난이 들끓었고 성난 사람들은 그림에 지팡이를 휘둘렀다. 다행히 그림은 높은 벽면에 걸려 있었고 정부가 경비 둘을 두어 지켜 준 덕에 오늘날에도 우리가 이 그림을 감상할 수 있게 되었다. 그 당시 파리 사람들은 이 그림을 보며 왜 그렇게 화를 냈을까.

    프랑스에는 '살롱 데 자르티스트 프랑세Salon des Artistes Français'라는 미술 전시회가 있다. 보통은 '르 살롱le Salon'이라고 부르는데, 쉽게 말하면 국가에서 주관하는 미술 전시회다. 당시 화가들은

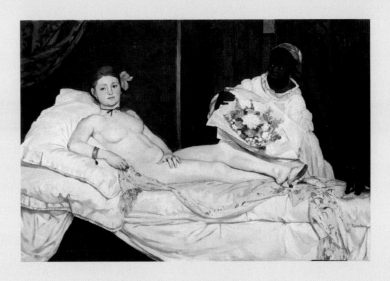

에두아르 마네Édouard Manet, 〈올랭피아Olympia〉, 1863,
오르세 미술관Musée d'Orsay

이 살롱전에 당선되는 것을 출세와 명예의 출발로 여겼고, 마네도 마찬가지였다. 하지만 그의 그림은 번번이 낙선한다. 고대의 재현을 중요한 가치로 여겼던 살롱전에서 마네의 그림은 설 자리가 없었다. 1865년 나폴레옹 3세Napoleon Ⅲ는 낙선작들을 개방된 공간에 모아 전시할 것을 명령한다. 이를 낙선전Salon des Refusés이라 부르는데 〈올랭피아〉는 이 전시회를 통해 세상에 존재를 알릴 수 있었다. 하지만 〈올랭피아〉는 공개와 동시에 주목과 비난을 한몸에 받았다.

당시 파리는 혁명 이후 근대화가 한창 진행 중이었다. 도시의 모습은 새롭게 정비되었으며 도시 노동자 수도 증가했다. 하지만 과거부터 이어오던 빈부 격차는 줄어들 기미가 없었다. 새롭게 단장된 도시의 곳곳에는 카페, 무도회장 등 매춘을 권장하는 장소들이 생겨났고, 자유와 평화의 도시 파리는 유흥과 쾌락의 도시로 변했다. 급기야 나폴레옹 3세 시대에는 매춘을 국가 장려 사업의 하나로 인정할 정도였다. 그럼에도 사람들은 자신의 일상을 드러내는 마네의 그림 앞에서 자유롭지 못했다. 나쁜 짓을 하다 들켜 도리어 화를 내는 사람처럼 그들은 화를 냈다.

"올랭피아라니? 매춘부가 틀림없다. 마네는 까불거리는 처녀를 이상적으로 그렸기 때문이 아니라 천박하게 그렸기에 비난받는 것이다"라며 처녀들을 대변하는 것처럼 위장한 채 말이다. 물론 그 이전에도 여성 누드를 그린 그림이 없었던 것은 아니다. 하지만 그림 속 여성은 신화 속에 등장하는 완벽한 미인이거나 오달리스크Odalisque라 불리는 이슬람의 성노예들이었다. 그런데 마네의 '올랭피아'는 당장이라도 만날 수 있는, 혹은 이미 만나고 있는 자신들의 '상품'이었다. 그림의 제목인 〈올랭피아〉는 당시 유행했던 소설 『동백꽃 아가씨La Dame aux Camélias』에서 빌려 온 것으로 30일 중 25일은 흰 꽃으로, 5일은 동백꽃으로 몸의 상태를 알려 주던 매춘부의 이름이었다. 버젓이 매춘부의 이름을 빌려 온 그림 속 올랭피아가, 그것도 2미터에 달하는 화폭 속에서 자신을 바라보고 있는 그림은 보는 사람을 불편하게 할 수밖에 없었다.

그러나 마네는 사람들이 화내는 이유를 이해하지 못했다. 살롱전에 입상하기 위해 티치아노Tiziano Vecellio의 〈우르비노의 비너스Venere di Urbino〉의 구도를 따왔고 비너스 대신 자신이 볼 수 있는 올랭피아를 그렸을 뿐인데 도대체 왜 그런 반응을 보이는지 이해할 수 없었던 것이다. 마네는 자신이 알지도 못하는 사이 고대에 뿌리를 둔 고전과 낭만을 버리고 시민들의 삶 속으로 들어와 있었다. 단지 당시 사람들이 그의 혁명적 사고를 따라오지 못했거나 인정하고 싶지 않았을 뿐이다. 마네의 〈올랭피아〉는 그림 속 자태처럼 당당하게 말한다. "이봐, 거기 당신. 지금 보고 있나?" 하면서 말이다. 진창 속에서 부끄러움을 느끼든 근대의 문제를 의식하든 침을 흘리며 음흉한 상상을 하든 그것은 관람객의 몫으로 남겨둔 채로.

마네가 그림으로 진창인 사람들의 생활을 드러냈다면 박민규는 소설로 진창 속 세상을 드러냈다. 소설 「그렇습니까? 기린입니다」
에는 상고商高에 다니는 '나'가 등장한다. 입시 공부로 바쁜 인문
고 학생들과 달리 상고를 다니는 나의 여름과 겨울방학은 너무 길
다. 이야기 속에서 나는 "좀 노는 편"이었지만 아버지의 허름한 직
장을 직접 보고 난 뒤 "돈 좀 줘요"라고 말할 수 없는 "조용한 아
이"로 변한다. 이제 나는 오로지 돈을 벌고 모으기 위해 아르바이
트를 한다. 편의점, 주유소, 지하철 푸시맨까지 돈이 되는 일은 마
다하지 않는다. 나의 세상은 '돈'으로 재단된다. 편의점 사장이 아
르바이트 여학생의 허벅지를 만졌다는 이야기를 들으면서도 만진
것이 나쁜 게 아니라 시급 1,000원을 주는 게 나쁘다고 생각한다.
나는 시급이 3,000원이라는 말을 듣고 무슨 일인지도 모르는 푸
시맨 아르바이트를 시작한다. 나는 조금이라도 빨리 지하철을 타
고 가려는 사람들을 정원이 초과한 열차 안으로 밀어 넣으며 "터
질 듯 짓눌린 볼과 입술, 납작해진 돼지코를 한" 인류의 모습을 본
다. 그리고 자신이 속한 세상을 다시 인식하기 시작한다.

　소설 속에는 '산수'와 '수학'이라는 말이 등장한다. '나'가 속한
세상은 크지 않은 돈으로 더하고 빼기를 하는 산수의 세상이다.
하지만 누군가는 계산하기도 힘든 수학의 세상을 산다.

지금 열차가 들어오고 있습니다.

승객 여러분들은 안전선 밖으로 물러나 주셔야겠지만, 그게 될 리

가 없는 것이다. 승객들은 모두 전철을 타야 하고, 전철엔 이미 탈 자리가 없다. 타지 않으면, 늦는다. 신체의 안전선은 이곳이지만 삶의 안전선은 전철 속이다. 당신이라면, 어떤 곳을 택하겠는가.

소설은 우리에게 이렇게 묻는다. 신체와 삶의 안전선 중에 어떤 것을 선택하겠느냐고. 소설의 배경은 IMF 구제금융을 받던 위기의 시절이다. 사람들 대다수는 실업과 취업 사이를 오가며 불황을 온몸으로 겪고 있었다. 시간당 얼마인가로 자신의 가치를 환산하며 늘지 않는 자신의 산수를 한탄하며 말이다.

마네의 〈올랭피아〉 속 모델은 열아홉 살의 빅토린 뫼랑Victorine Meurent이었다. 화가를 꿈꾸던 열아홉 살 그녀는 왜 매춘부의 모습을 한 모델이 되었을까. 「그렇습니까? 기린입니다」의 '나의 산수'와 비슷한 이유가 아니었을까. 뫼랑이 대표한 당시의 젊은 여인들은 신체가 아닌 삶의 산수를 위해 어린 나이에 몸을 팔 수밖에 없었을 테니 말이다.

우리 사회는 수많은 시간을 지나며 사회 모순과 인간의 이기심을 지켜보았다. 그런데도 사회는 여전히 그 자리를 맴도는 것만 같다. 산수와 수학으로 상징되듯 사람들의 계층은 쉽게 변하지 않는다. 오히려 가진 자들의 수학은 더욱 늘어만 가고 없는 자들의 산수는 줄어만 드는 것 같다. 가진 자들은 〈올랭피아〉 앞에서 지팡이를 휘두르며 자신의 위선을 감추기에 급급하다. 산수를 위해 몸을 팔 수밖에 없었던 '올랭피아'의 몸매가 아름답지 않다고 한마디

보태며 말이다. 마네와 박민규는 온몸을 팔아 일하는 젊은이들을 자신의 작품을 통해 보여 주었다. 그들이 어떤 방식으로 자신의 몸을 활용했든 세상이라는 시장에 내놓을 수 있는 건 그것뿐이었고, 세상은 그것을 기꺼이 소비했다. 소비의 옳고 그름과 인간의 존엄과 권리와는 상관없이 냉정하고 가혹하게.

소 비 를 보 는 또 다 른 시 선 1

칼 마르크스, 『자본론』

눈을 뜨고 아침을 맞이한다. 양치를 하고, 밥을 먹고, 버스를 타는 반복적인 일상이다. 수도세와 전기세 같은 공과금이 밀리지 않았기에 가능한 아침이기도 하다. 버스를 타고 다닐 만큼의 여유가 있다면 아침부터 먼 거리를 달리거나 걷지 않아도 된다. 인정하고 싶지 않지만 눈을 뜨고 산다는 것은 곧 돈을 쓰고 사는 것과 같은 의미다.

칼 마르크스Karl Heinrich Marx가 쓴 『자본론Das Kapital』은 '자본주의'가 가지고 있는 문제점을 냉철하고 철저하게 비판한다. 그는 사유재산과 계급이 없는 평등한 세상을 꿈꿨으며, 이런 사회가 필요한 이유를 자본주의 사회의 문제점에서 찾아 밝혔다. 마르크스는 자본이 가진 자는 더욱 부유하게 만들고, 갖지 못한 자는 더욱 가난하게 만든다고 문제를 제기했으며 모든 것이 '화폐'로 사고팔 수 있는 사회가 될 것이라고 예견했다. 자본주의 사회에서는 눈에 보이는 상품이든 아니든 모든 것이 매매의 대상이 될 것이라는 그의 예언은 매우 정확했다.

박민규의 소설 속 시간은 1997년이다. 그로부터 십팔 년이란 시간이 흘렀다. 소설 속의 '나'는 이제 서른대여섯의 어른이 되었다. 그의 현실은 그때와 달라졌을까. 장담할 수 없지만 그때와 별반 차이가 없을 것이라는 예측은 가능하다. 성적이 좋지 않은 상고 출신의 남자가 대한민국에서 수학의 삶을 살 수 있는 경우의 수는 많지 않기 때문이다. 아마 그는 고등학교를 졸업하고 소설 속에서처럼 몇 개의 아르바이트를 더 전전하다 군대를 다녀왔을 것이다. 만약 정규직으로 일할 직장을 구했고, 박봉의 월급을 살뜰히 모아 많은 빚을 지고 집 한 채 마련했다면 상당히 운이 좋은 경우다. 하루에 너덧 개의 아르바이트를 마다하지 않고 아등바등 일하지만 수학의 삶은 쉽게 허락되지 않는다.

1867년에 출간된 마르크스의 자본론은 이런 현실을 예측하고 있다. 모든 것은 화폐로 전환되고 매매되는 세상에서 나의 노동력은 화폐로 교환 가능한 상품이다. 또한 소설 속 '내'가 열심히 일해도 쉽게 수학의 삶으로 진입할 수 없는 이유는 상품으로서의 나의 가치가 희박하기 때문이다. 다시 말해, 여러 개의 일을 하지만 그 노동과 교환되는 화폐의 양은 매우 적다는 뜻이다.

박민규의 소설과 달리 마네의 〈올랭피아〉는 좀 더 직설적이며 직접적인 상품이 되었다. 화폐와 맞바꾼 그녀의 몸은 오늘날 노동의 원리와 큰 차이가 없다. 다른 점이 있다면 올랭피아가 육체 그 자체를 시장에 내놓았다면 오늘날에는 각종 스펙으로 치장하여 대학과 기업에 내놓는다는 것 정도일 것이다. 스펙이라는 부가가

치를 창출하기 위해 애쓰며 스스로가 상품화되는 것을 마다하지 않는 시대가 되었다. 마르크스의 말처럼 우리는 누구나 몸을 파는 보편적 매춘의 시대를 살아가고 있다.

마네의 그림과 박민규의 소설 사이에는 130여 년이라는 시간차가 있다. 지금으로부터 140여 년 전의 마르크스가 내린 진단은 이 차이의 시작점이었다. 하지만 시간차가 무색할 만큼 마르크스의 진단은 진행 중이며 진화 중이다.

이제 140년 뒤의 세상을 상상해 보자. 그때도 마르크스의 말에 따라 이 세상을 진단해야 한다면 큰일이 아닐 수 없다. 우리는 무엇을 해야 할까.

무엇이든
사드립니다

조세희, 「뫼비우스의 띠」 —— 앙리 마티스, 〈춤Ⅱ〉

    지식이 넘쳐 나는 세상이다. 버스가 오는 시간을 검색해 정류장에 나갈 수 있고 지구 반대편 날씨도 어렵지 않게 알 수 있다. 차마 가족이나 친구에게 묻기 쑥스러운 문제들도 인터넷의 도움을 받으면 해결할 수 있다. 하늘의 별을 보고 방향을 찾고, 절기와 때를 지켜 농사를 짓던 시절의 사람들이 지금 우리의 삶을 본다면 놀라고도 또 놀랄 만한 세상이 되어 버렸다. 그런데 이처럼 넘쳐 나는 지식으로 사람들은 더 행복해지고 편리해졌을까. 버스가 오는 시간을 예측할 수 있게 되면서 오히려 더 뛰고 있는 건 아닐까.

    지구에 외부와 내부가 있고, 동전에 앞뒤가 있는 것과 다르게

앙리 마티스Henri Matisse, 〈춤II La DanseII〉, 1909~1910, 에르미타시 미술관The State Hermitage Museum

뫼비우스의 띠는 내부와 외부의 구분이 없는 곡면이다. 수학 교사의 이야기로 시작되는 소설 「뫼비우스의 띠」는 제목 그대로 안과 겉의 구분이 없는 상황을 보여 준다. 조세희가 들려주는 이야기 속 앉은뱅이와 꼽추는 1970년대의 도시 빈민으로, 신체적 약자이면서 가난한 이를 상징한다.

이들이 살던 마을에 아파트가 들어서기로 결정된다. 그리고 그들에게는 아파트에 들어갈 수 있는 '입주권'이 주어진다. 하지만 입주권만으로 아파트에서 살 수는 없다. 입주권은 입주할 수 있는 권리에 지나지 않는다. 분양가로 책정된 돈이 없는 사람들에게 아파트는 그림의 떡일 뿐이다. 때문에 아파트에 들어갈 능력이 없는 사람들 대다수는 입주권을 팔고 마을을 떠난다. 앉은뱅이와 꼽추도 이주 보조금으로 나오는 15만 원보다 만 원을 더 준다는 부동산업자에게 입주권을 판다. 하지만 얼마 뒤 부동산업자는 38만 원에 입주권을 되팔아 버린다. 앉은뱅이와 꼽추 입장에서는 부동산업자가 취한 22만 원이 정당해 보이지 않는다. 이제 그들은 부동산업자에게 자신들의 몫을 돌려받아야겠다고 결심한다. 그들은 어떻게 이 돈을 돌려받을 수 있을까.

피둥피둥 살찐 부동산업자에 비해 신체적으로 약자인 그들은 기습 작전을 세운다. 전깃줄을 준비하고 부동산업자의 차에 몰래 탄 뒤 그를 묶고 차 안에 있던 돈에서 자신들의 몫만큼만 빼 간다. 그리고 나서 앉은뱅이는 차에 석유를 뿌리고 불을 놓는다. 소설 속에서 가해자와 피해자는 누구일까. 쉽게 대답할 수 없다. 서로에게 가해자이면서 동시에 피해자인 것으로 보이니 말이다. 소설에는 이들만 등장하지 않는다. 직접 등장하지는 않지만 부동산업자에게 38만 원을 주고 입주권을 사간 사람들, 사람들이 버젓이 살고 있는 공간을 정당한 과정이나 보상 없이 뒤집고 엎어 새 아파트를 세우려 했던 건설회사, 이를 가능하게 했던 정부도 있다. 다시 한 번 물어보자. 이 소설의 가해자와 피해자는 누구인가.

앉은뱅이와 꼽추의 이야기를 들려준 수학 교사는 소설 말미에서 학생들에게 이렇게 말한다.

> "인간의 지식은 터무니없이 간사한 역할을 맡을 때가 많다. 제군은 이제 대학에 가 더 많은 것을 배우게 될 것이다. 제군은 결코 제군의 지식이 제군이 입을 이익에 맞추어 쓰여지는 일이 없도록 하라."

소설 속에 등장하는 앉은뱅이와 꼽추는 부동산업자에게 복수를 했지만 사실 그들이 분노해야 했던 대상은 지식을 간사하게 사용한 이들이어야 했다. 물론 만날 수도, 만나 주지도 않았겠지만 말이다. 그 뒤로 사십여 년이 흘렀지만 작가가 이야기했던 지식의 간사함은 여전하다. 세월이 흐르는 동안 지식은 법과 권리라는 선한 탈과, 통계와 확률이라는 수학적 무기까지 갖추었다. 거기에 '리트윗, 공감, 좋아요'까지 얻어 낸다면 그 지식은 의심의 여지없이 공유된다. 어쩌면 누군가가 의도적으로 조작하거나 은폐

한 지식이나 정보일 수도 있는데 말이다. 이처럼 오늘날의 지식은 신뢰할 만한 것인지, 또는 적합한 것인지보다 사람들 안에서 얼마나 더 많이 소비되는가로 가치를 따지는 것 같다. 합리적인 사고의 과정이 아닌 수많은 사람의 소비로 형성되는 지식이야말로 「뫼비우스의 띠」에서 소설가가 경계한 지식의 간사함이 아닐까. 하지만 지식의 간사함을 눈치챘다고 한들 그것을 자신들의 이익을 위해 사용하는 사람과 집단, 기업, 국가와 혼자 맞서는 것은 어렵다. 한 반도체 기업이 오랫동안 백혈병을 산업재해로 인정하지 않았던 이유, 반복적으로 안전사고가 발생하는 이유, 의도가 의심되는 수많은 인터넷 댓글과 기사 등의 저변에는 자신들의 지식을 자신들이 입을 이익을 위해 사용하는 수많은 이들이 있기 때문이다.

이제 아주 이상적인 그림 한 편을 보자. 마티스는 흔히 '원색의 마술사', '일생 동안 열정적으로 그림을 사랑한 화가'로 불린다. 말년에 붓을 잡을 수 없게 되자, 가위를 들고 색종이를 오려 캔버스에 옮겼을 만큼 새로운 표현 방법을 끊임없이 고민했고 시도했으며, 변함없는 열정으로 그림을 사랑한 화가다. 무엇보다 빨강, 파랑, 초록 등 원색을 사용하여 빛보다 더 빛나는 그림을 남긴 것으로 유명하다. 색을 통해 자신만의 새로운 세계를 창조한 것이다.

그는 춤을 소재로 여러 편의 작품을 남긴다. 〈삶의 기쁨Le bonheur de vivre〉, 〈춤La Danse〉, 〈춤 I La Danse I〉을 포함해 다른 그림 속 인물들도 춤을 추듯 우아한 몸짓과 율동감으로 물결친다.

마티스는 복잡하지 않은 단순한 선만으로 움직임을 표현한다. 이제 사물을 그대로 그리는 것이 아니라 그것이 불러일으키는 감정을 그린다던 그의 말을 기억해 보자. 그리고 마티스의 〈춤Ⅱ〉가 불러일으키려 했던 감정이 무엇이었을까 느껴 보자. 그림 속 여인들의 움직임과 그들을 움직이게 하는 음악 소리도 상상하며 말이다. 들어 본 적 없는 음악이겠지만 그 음악이 이들을 하나 되게 하는 것만 같다. 발가벗었지만 부끄러움 없는 여인들은 금방이라도 캔버스 밖으로 뛰어나와 춤출 것 같다. 각각의 몸짓과 속도로 춤추고 있지만 하나같이 손을 맞잡고 둥근 원을 만들었다. 그들의 몸짓은 어떤 말을 건네고 싶었을까.

이 그림은 평화롭고 평등한 세상을 꿈꾸게 한다. 무엇보다도 '함께하는 힘'을 이야기한다. 독일에서 올해의 단어로 선정되기도 했던 '팔꿈치 사회'는 옆 사람을 팔꿈치로 치며 앞만 보고 달려야 하는 세상을 빗댄 말이다. 그러나 마티스의 〈춤Ⅱ〉는 이 말과는 전혀 다른 세계를 보여 준다. 한 사람이 지치고 힘들어도 맞잡은 손은 그들을 이끌어 계속 춤추게 할 것 같다. 내가 밟았던 그 자리를 다음 사람들이 밟기를 반복하며 서로의 어려움을 이해할 수도 있다. 게다가 둥근 원과 벗은 몸은 그들에게서 부유함과 가난함을 벗겨 내고 차별과 편견을 없앴다. 이렇게 그들은 그림 속에서 평화롭고 평등하다. 우리가 앞서 보았던 앉은뱅이와 꼽추, 부동산업자와 그 밖의 사람들과는 다르다. 이 그림이야말로 앞으로 우리 사회가 지향해야 하는 모습이 아닐까. 물론 마티스의 시대에서 조세희의 시대를 거쳐 오늘날까지도 아직 완성되지 않은 세상이다. 그럼에도 문제를 제기하고 전망을 제시하는 것은 다가올 시대에 대한 희망을 함께 꿈꾸고 바라기 때문일 것이다.

1988년 서울올림픽 요트 경기에 캐나다의 로렌스 르뮤Lawrence Lemieux 선수가 출전했다. 그가 출전한 남자 470급 요트 경기가 진행되던 중 갑자기 강풍이 일었고, 경기 중이던 싱가포르 선수들이 바다에 빠지고 말았다. 르뮤는 즉시 바다로 뛰어들어 경쟁자인 싱가포르 선수들을 구했다. 그때 르뮤는 2위로 달리고 있었고 선수들을 구한 뒤에는 22위로 밀려났다. 르뮤는 비록 우승을 놓쳤지만 우정과 연대라는 올림픽 정신을 온몸으로 보여 주었다. 이런 모습이야말로 마티스의 〈춤Ⅱ〉가 현실에서 실현된 것이며 「뫼비우스의 띠」의 수학 교사가 경계했던 간사한 지식에서부터 벗어나는 방법은 아닐까. 이제 우리가 알고 있으며 사실이라고 믿는 것들, 그리하여 퍼 나르기를 반복하는 이야기들을 의심해 보아야 한다. 은근슬쩍 다가와 편리함을 권하고, 불필요한 소비를 부추기며, 나아가 이웃을 외면하게 만들고, 부유한 이들의 배를 더 불리는 이야기라면 간사한 지식에 지나지 않는 것일 테니 말이다.

C. 라이트 밀즈, 『사회학적 상상력』

점심 시간, 급식실 앞은 금세 아수라장이 된다. 배고픔을 이기지 못해 짜증이 난다. 혹여 누가 새치기라도 하면 짜증은 더 커진다. 만약 이때 바닥에 파란색 테이프로 줄을 설 수 있는 공간을 표시한다면 어떨까. 누군가의 상상력이 급식실 앞을 조금 덜 짜증 나는 곳으로 변화시킬 수 있다. 급식실을 떠나 오늘날 우리가 살아가고 있는 사회는 더욱 복잡하다. 개인의 문제가 공공의 문제가 되기도 하며, 지금 당장의 해결책이 며칠 뒤에는 심각한 문제를 야기하기도 한다.

C. 라이트 밀즈C. Wright Mills는 이 책에서 이런 사회를 어떻게 바라볼 것인가 이야기한다. 개인적인 환경의 변화를 이해하기 위해서는 개인을 넘어선 역사, 제도, 정치, 사회 구조 등 다양한 범위를 살펴볼 수 있는 상상력이 필요하다. 사회학적 상상력이란 한 관점에서 다른 관점을 넘나들며 그 관계를 볼 줄 아는 능력이다.

"침대는 가구가 아닙니다. 과학입니다"라는 광고 문구가 초등학생들에게 잘못된 정보를 준다고 논란이 된 적이 있다. 침대가 과학이 될 수 없는 이유는 침대는 체계적이며 논리적으로 증명할 수 있는 지식이 아니기 때문이다. 그렇다면 우리가 과학이라고 부르는 것들은 모두 사실일까.

미국의 인호페James Inhofe 의원은 "지구온난화는 인간이 아니라 태양에너지 활동의 변동성 때문"이라는 주장을 펼치며 하버드-스미스소니언 천체물리학 센터Harvard-Smithsonian Center for Astrophysics의 윌리 순Willie Soon 박사의 연구를 인용했다. 심지어 윌리 순의 연구 결과를 바탕으로 "지구온난화는 사기극이란 사실이 과학적으로 증명됐다"고 주장하기까지 했다. 그의 주장에 따르면 지구온난화는 인간의 탐욕이 만들어 낸 재앙이 아니라 자연현상의 하나일 뿐이다. 따라서 인간은 살던 대로 밤을 낮으로 바꾸는 에너지를 계속 사용하고, 걷기보다 타는 것을 즐기는 삶을 유지하면 된다. 그러나 지난 2월 그린피스Greenpeace가 발표한 자료에 따르면 윌리 순은 지난 십사 년 동안 화석연료 업계로부터 120만 달러(약 13억 5,000만 원) 이상의 돈을 받고 연구해 온 것으로 드러났다(출처 : 『경향신문』, 「'온난화 불신론' 드러난 배후」, 2015년 3월 24일자). 석유업체들은 자신들에게 유리한 논문을 써 주는 교수들에게 연구비를 대 주면서 잘못된 사실을 과학적인 사실로 둔갑시켰다.

「뫼비우스의 띠」에서 수학 교사가 경계했던 간사한 지식이란 이런 경우를 말한다. 배울 만큼 배운 사람들의 한마디가 가져올 파장을 알고 이를 이용하는 이들과, 기꺼이 그들의 혀가 되어 말하는 사람들. 하지만 당장의 이익을 위해 지식을 팔아먹은 대가는 이 간사함과는 관계없는 사람들의 몫이다. 마치 도시 개발, 경제

개발이라는 명목으로 땅을 엎고 아파트를 세우느라 살던 땅에서 쫓겨난 난쟁이 가족처럼 말이다. 시간은 흘렀고 그날의 이익과 맞바꾼 지식의 간사함은 도시 곳곳에서 싱크홀로 드러나고 있으며, 전세 대란이라는 신조어를 만들어 냈다.

이제 우리는 약 오십 년 전 밀즈가 말한 '사회학적 상상력'을 고민하지 않을 수 없다. 당장의 이익을 위해 팔아 버리는 지식의 간사함이 아니라 함께 살 수 있는 사회학적 상상력을 회복해야 할 때다. 관광 도시로 유명한 브라질의 포르탈레자Fortaleza 마을의 이야기를 들어 보자. 평범한 사람들이 살던 포르탈레자 마을이 유명해지면서 최신식 호텔이 들어섰다. 최신식 호텔과 멋진 건물들이 세워지자 마을 주민들은 살던 곳으로부터 23킬로미터나 떨어진 콘준토 파우메이라스까지 밀려갔다. 밀려난 이들이 만들어 낸 마을은 빈민굴이나 다름없었다. 하지만 이들은 '기적의 은행 파우마스'를 만들었다. 저금리로 창업 자금을 대출해 주고 마을 공동체 내에서 소비와 생산을 해결하면서 지속 가능한 마을로 성장시켰다. 아파트를 짓느라 쫓겨났던 대한민국의 난쟁이 가족들 또한 함께 살아갈 수 있는 방법은 없었을까 되묻지 않을 수 없다.

신의
사랑은
공평할까

이시영, 「경찰은 그들을 사람으로 보지 않았다」 ── 제프 쿤스, 〈세이크리드 하트〉

눈앞에 제프 쿤스의 작품처럼 거대한 선물이 있다면 어떨까. 누구의 것인지 궁금하다가도 이내 그 안에 든 것이 무엇일까 알고 싶어진다. 도대체 이 안에는 무엇이 들어 있는 걸까. 이 큰 선물 포장 속에 무엇이 있었으면 좋을지 원하는 대로 상상해 보자. 흔히 하는 말로 상상은 자유니까.

이 거대한 선물은 서울의 한 백화점 명품관 옥상 정원에 가면 볼 수 있다. 볼 수만 있을 뿐 만져서는 안 된다. 만지는 순간 누군가 다가와 제지하거나 시끄러운 경보음이 울릴지도 모른다. 이 작품은 사진을 찍고 SNS에 자랑하는 것까지만 허락된다. 웬만한 성

제프 쿤스Jeff Koons, 〈세이크리드 하트Sacred Heart〉, 2006, 신세계 백화점 트리니티 가든

인 남성의 키를 훌쩍 넘는 크기의 이 작품은 누구에게나 공개되어 있지만 누구나 가질 수는 없는 모습으로 당당하게 서 있다. 이 작품은 아름다운가. 사람들은 이 보랏빛 작품에서 무엇을 느낄까. '반짝인다', '아름답다', '신기하다' 등의 느낌에서부터 '키치Kitsch'라는 장르에 대한 이해도 있을 수 있다. 하지만 사람들 대부분이 이야기하는 것은 바로 이 보랏빛 작품의 가격이 300억이라는 사실이다. 평범한 사람이라면 평생에 걸쳐 만져 보지도 못할 300억이 눈앞에서 반짝거리고 있는 느낌. 그 느낌을 어떻게 설명할 수 있을까. 사진 파일을 저장하고 전송하며 300억에 한 걸음 다가섰다는 느낌을 잠시 가질 뿐이다. 조금 더 적극적으로 이 작품이 새겨진 컵이나 티셔츠 등을 구매하기도 한다. 물론 돈을 내고 말이다.

이 보랏빛 작품의 제목은 오늘날 현존하는 작가들 중 최고의 경매가를 자랑하는 제프 쿤스의 〈세이크리드 하트〉다. 지나치게 반짝이는 저 표면은 놀이동산에서 보는 알루미늄 풍선처럼 스테인리스를 코팅하여 색을 낸 것이다. 누구의 작품인지 몰랐다면 절대 300억이라는 가격이 매겨지지 않았을 이 작품이 우리에게 건네는 이야기를 들어 보자.

이 작품이 놓인 백화점의 명품관 옥상 정원은 이름에 걸맞게 제프 쿤스 외에도 알렉산더 콜더Alexander Calder, 호안 미로Joan Miro 등 현대미술의 거장이라 불리는 사람들의 비싼 조형물로 채워져 있다. 이곳을 찾은 사람이라면 누구나 볼 수 있도록 말이다. 그 명품관 정원 꼭대기에서 마주한 반짝이는 300억은 우리에게 속삭인다.

"300억이 네 눈앞에 있어. 어때 아름답지? 이곳에 있는 모든 물건은 나처럼 값비싸고 훌륭한 것들이야. 이제 내려가서 쇼핑을 해. 기억해, 비싼 것이 아름다운 거야. 그리고 그것을 사야 너도 아름다워져."

이 속삭임이 들리든 그렇지 않든 300억이라는 말을 듣는 순간 이 작품은 더욱 아름답게 보인다. 속이 텅 비어 있다는 사실 따위는 생각할 여유도 없이 비싼 것이면 무엇이든 아름답고 좋아 보이는 것이다. 아름다움이라는 미적 가치를 자본과 맞바꾼 〈세이크리드 하트〉의 속삭임은 옥상에서 명품관으로 내려와도 그치지 않는다.

하지만 서로의 어깨 말고는 기댈 곳 없는 사람들이 있었다. 가족과 함께 행복한 삶을 살기 위해 아등거리며 살던 사람들이었다. 그런데 어느 날 살던 곳에서 떠나라는 이야기를 들었다. 조용히 이사를 떠나기에는 잃어야 할 것들이 너무 많았다. 권리금과 살던 집을 포기하고 이사를 가기에는 보상금이 턱없이 부족했다. 집주인은 세입자들의 몫을 내주고, 세입자는 원래 가졌던 것을 잃은 채 거리로 쫓겨나야 했다. 제대로 된 대화조차 해 보지 못한 채. 그래서 그들은 최소한의 협상을 요구했다. 하지만 돌아온 것은 크레인의 굉음이었다.

이들은 마지막 목소리를 내기로 결심하고 곧 철거가 시작될 옥상 위에 컨테이너 박스 등으로 망루를 설치했다. 그러나 그들의 목소리는 끝내 전해지지 않았고 오히려 무서운 화염에 시커멓게

타 버린 주검이 되어 버렸다. 그들을 사람으로 생각하지 않은 경찰들이 "여기 사람이 있습니다!"라는 외침을 끝내 무시했기 때문이다. 아니, 경찰뿐 아니라 비싼 것이 아름다움의 기준인 높은 사람들이 그들을 사람으로 생각하지 않았기 때문이다. 눈치챘겠지만 이 이야기는 2009년 용산에서 있었던 참사에 대한 매우 짧은 기록이다. 시인 이시영은 『경찰은 그들을 사람으로 보지 않았다』라는 시집을 내고 그날을 이렇게 기억한다.

경찰은 그들을 적으로 생각하였다. 2009년 1월 20일 오전 5시 30분, 한강로 일대 5차선 도로의 교통이 전면 통제되었다. 경찰 병력 20개 중대 1600명과 서울지방경찰청 소속 대 테러 담당 경찰특공대 49명, 그리고 살수차 4대가 배치되었다. 경찰은 처음부터 철거민을 사람으로 생각하지 않았다. 한강로2가 재개발지역의 철거 예정 5층 상가 건물 옥상에 컨테이너 박스 등으로 망루를 설치하고 농성중인 세입자 철거민 50여 명도 경찰을 사람으로 생각하지 않았다. 대신 최후의 자위책으로 화염병과 염산병 그리고 시너 60여 통을 옥상에 확보했다. 6시 5분, 경찰이 건물 1층으로 진입을 시도하자 곧바로 화염병이 투척되었다. 6시 10분, 살수차가 건물 옥상을 향해 거센 물대포를 쏘았다. 경찰은 물에 빠진 생쥐처럼 흠뻑 젖은 시민을 중요 범죄자나 테러범으로 생각하는 듯했다. 6시 45분, 경찰 특공대원 13명이 기중기로 끌어올려진 컨테이너를 타고 옥상에 투입되었다. 이때 컨테이너가 망루에서 거세게 부딪쳤고 철거민들이 던진 화염병이 물대포를 갈랐다. 7시 10분, 망루에서 첫 화재가 발생했다. 7시 20분, 특공대원 10명이 추가로 옥상에 투입되었다. 7시 26분, 특공대원들이 망루 1단에 진입하자 농성자들이 위층으로 올라가 격렬히 저항했고 이때 내부에서 벌건 불길이 새어나오기 시작했으며 큰 폭발음과 함께 망루 전체가 화염에 휩싸였다. 물대포로 인해 옥상 바닥엔 발목까지 빠질 정도로 물이 흥건했고 그 위를 가벼운 시너가 떠다니고 있었다. 불길 속에서 뛰쳐나온 농성자 3, 4명이 연기를 피해 옥상 난간에 매달려 살려달라고 외쳤으나 아무도 그들을 돌아보지 않았다. 그들은 결국 매트리스도 없는 차가운 길바닥 위로 떨어졌다. 이날의 투입 작전은 경찰 한 명을 포함, 여섯 구의 숯처럼 까맣게 탄 시신을 망루 안에 남긴 채 끝났으나 애초에 경찰은 철거민을 사람으로 생각하지 않았으며 철거민 또한 그들을 전혀 자신의 경찰로 여기지 않았다.

• 「경찰은 그들을 사람으로 보지 않았다」 전문

비싸서 아름다운 것이 되어 버린 제프 쿤스의 작품은 각종 보안 장치로 철저하게 보호받고 있지만 가난한 철거민은 목소리를 냈다는 이유로 사람이 될 수 없었다. 가난한 그들의 목소리는 아름답게 들리지 않기 때문이다. 예술마저도 돈으로 가치가 결정되는 시대에 명품관의 VIP와 철거민은 '같은 사람'일 수 없다. 지갑을 열 능력이 없는 그들은 애당초 300억의 예술 작품보다도 못한 존재였다.

세상은 용산의 사람들과 300억 작품에 전혀 다른 가치를 부여했다. 나와는 상관없는 일이라 생각할 수도 있지만 용산의 사람들 역시 예전에는 평범한 삶을 살던 사람들이었다. 이시영은 너무나 처참했던 그날을 덤덤하게 이야기하며 정말 그들이 사람이 아닌지 우리에게 묻는다. 그리고 제프 쿤스의 반짝이는 하트도 묻는다. 반짝거리는 하트에 비친 당신은 얼마나 구매할 수 있는 사람인지. 충분히 구매할 능력이 없다면 보랏빛 작품 앞에서 상대적으로 느껴지는 초라함을 참아 내야 한다. 하지만 작가는 이런 마음을 안다는 듯 이 작품의 이름을 〈세이크리드 하트〉, 즉 '신의 사랑'이라 지었다. 누구나 그 앞에 설 수 있고 누구에게나 빛을 비춰 주는 이 작품 앞에서 발견한 신의 사랑은 평등한 것이어야 하지만, 작품에 비친 모습으로 자신의 능력을 확인한다면 그것은 신의 사랑이 아니라 신의 확인이 아닐까.

이시영과 제프 쿤스, 그리고 우리는 이런 시대를 함께 살아가고 있다. 얼마만큼의 자본을 소유하고 소비할 수 있는가에 따라 사람의 됨됨이와 안목까지 결정되는 시대를 살고 있는 것이다. 동전의 양면처럼 전혀 다른 입장에 선 화가와 시인이지만 이들의 시선이 머문 곳이 '자본에 따라 결정되는 가치'라는 점에서 그들은 같은 곳에 서 있다. 두 작품의 표현 방식과 시각은 다르지만 끊임없이 자본의 소유와 소비를 권하는 삶에 대해 이야기한다는 점에서는 같다. 이제 두 작가의 눈을 통해 본 세상의 모습에 자신의 모습을 비춰 보자. 혹시 비싼 물건을 사고 치장하는 것만으로 자신의 가치를 증명하려고 애쓰고 있지는 않은지, 소비하지 않고 살 수는 없지만 소비하는 것만으로 삶을 가득 채우고 있는 건 아닌지 한 번쯤 되돌아봐야 할 때다.

소 비 를 보 는 또 다 른 시 선 3

장 지글러, 『왜 세계의 절반은 굶주리는가?』

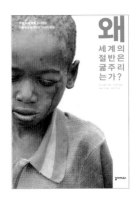

우유를 한 잔 가득 따라 놓고 반도 먹지 않는 아이를 바라본다. 누가 욕심을 부려서 이렇게 많이 따라 놓았느냐고 다그치지만 귓등으로도 듣지 않는다. 아이를 향해 모두가 너처럼 이렇게 배불리 먹는 건 아니라고 설교를 할 참에, 아이가 이미 유치원에서 배웠다며 엄마를 가르친다. 그러다 아이는 이해가 안 된다는 듯 엄마에게 묻는다.

"근데, 그 나라 사람들은 왜 배고픈 거야?"

이 책은 이 질문에 답을 준다. 유엔 인권위원회 식량특별조사관이었던 장 지글러Jean Ziegler는 소도 먹는 곡물을 먹지 못하는 '사람'들의 이야기, 이들이 굶주리고 있는 이유를 쉽게 풀어 정리한다. 그들이 굶주리는 이유는 게을러서가 아니라, 힘없는 이들은 감히 넘볼 수 없는 정치·경제·역사적 문제와 배경 때문이라고 말한다. 기아는 단지 배고픔의 문제가 아니라 생존의 문제임을 말하고 있다.

많이 먹는 것을 걱정하는 사회와 많이 먹을 수 없는 사회가 있다. 어떤 곳의 사람들은 먹어서 병들어 죽고, 어떤 곳의 사람들은 먹지 못해 병들어 죽는다. 천국과 지옥이 지구 안에 있다면 어떤 사람들에겐 뷔페가 곧 천국이지만 이런 천국은 사실상 지구 한쪽에 몰려 있고, 대부분은 배고픔의 지옥에서 괴로워한다. 잘 알려진 사실이지만 우리나라에서 하루에 버리는 음식물 쓰레기는 약 14,000톤. 이 쓰레기를 처리하기 위해 쓰는 비용은 연간 8,000억 원에 이른다. 천국이 한쪽에 쏠려 있는 이런 현상은 국제연합식량농업기구FAO, Food and Agriculture Organization of the United Nations 의 〈2015 세계 식량 불안정 보고서The State of Food Insecurity in the World 2015〉를 보면 더 분명하게 드러난다. 보고서는 세계 인구 열 명 중 아홉 명이 굶주림의 지옥에 있다고 말한다. 만약 지금 씹고 삼키고 소화할 것이 있다면 당신은 천국에서 사는 선택받은 한 명인 셈이다.

장 지글러는 열 명 중 아홉 명이 굶주림의 지옥에 있는 이유는 식량이 부족해서가 아니라고 단언한다. 신비롭고 아름다운 지구는 지구인들이 먹고도 남을 만큼의 식량을 생산해 내지만 이 식량을 투기의 대상으로 바라보는 사람들로 인해 한쪽은 넘치고 한쪽은 부족한 현상이 나타난 것이다. 시카고의 곡물 거래소를 좌지우지하는 몇몇 금융 거물들은 타인의 생명을 자신들의 이익과 맞바꿔 버렸다. 아무런 동의도 없이.

한편 배부른 천국에 사는 사람들 중에는 백화점 명품관의 물건들을 마치 접시에 음식을 담듯 손쉽게 골라 담아 소비한다. 원하는 것을 사고도 남을 만큼의 돈이 있는 이들은 백화점 VIP로 대우받으며 쇼핑 중에는 그들만의 공간에서 쉬며 각종 혜택을 제공받는다. 백화점을 드나든다고 해서 모두 같은 대우를 받을 수는 없다. 백화점은 철저하게 소비한 금액에 따라 사람을 차별한다. 마치 우리 사회가 용산의 사람들이 가진 것 없다고 차별했던 것처럼 말이다. 하소연할 곳도 마땅히 없던 그들은 배부른 천국에서 배고픈 지옥을 경험해야만 했다. 이시영 시인이 말한 것처럼 대한민국의 국민을 보호해야 할 의무가 있는 경찰에게조차 사람이 되지 못했던 이유는 결정적으로 그들이 자본을 가지지 못했기 때문이 아닐까.

시카고의 곡물 거래소는 남아도는 곡물을 폐기하여 가격을 유지하거나, 반대로 가격을 낮춰서 아프리카 국가들에 수출한다. 이렇게 되면 배고픈 지옥에 있는 이들은 너무 비싸서 곡물을 살 수 없거나, 또는 값싸게 수입된 농산물로 인해 자국에서 생산된 농산물을 판매할 방법을 빼앗긴다. 거대 금융 자본을 '화이트칼라 강도'라고 부르는 이유는 옥수수와 콩, 귀리 같은 곡물이 거래되어야 할 곳에서 배고픈 이들의 목숨이 거래되기 때문이다. 식량 문제는 부족의 문제가 아니라 어떻게 나누는가의 문제와 관련 있다. 마치 넘쳐 나는 자본이 제대로 나누어지지 않아 한쪽은 백화점의 VIP로, 한쪽은 경찰의 보호 대상조차 되지 못하는 사회처럼 말이다. 명품관 옥상에서 반짝거리는 〈세이크리드 하트〉가 정말 신의 사랑이 되려면 이제는 포장을 풀고 그 안에 담긴 것들을 골고루 나누어야 한다.

저항

"시끄러워! 말하지 마!"

알고 싶은 것들, 혹은 알려야 하는 것들을 금지하는 것은 쉽게 받아들이기 어려운 탓에 "왜요? 왜 말하면 안 되는 거죠?"라고 반문하게 된다. 그러나 이 반문에 친절히 답해 주는 사회는 없다. 돌아오는 대답은 "말하지 말라니까!" 혹은 "알 거 없어, 다쳐!" 정도다. 정말 우리 주변에서 일어나는 일들을 몰라도 괜찮을까. 무엇 때문에 함께 살아가는 세상에서 벌어지는 일들에 대해 침묵이 강요되거나, 아무도 강요하지 않았음에도 침묵하게 되는지 의심해 보자.

현실이라는
공포

현기영, 「마지막 테우리」 ── 필리포 라우리, 〈마르시아스의 형벌〉

제우스의 명을 어기고 인간에게 불을 훔쳐다 주고 글쓰기와 셈하는 법을 가르쳐 준 프로메테우스Prometheus는 독수리에게 간을 파 먹히는 고통을 당했다. 왜 프로메테우스는 고통스러운 형벌이 가해질 것을 알면서도 신들의 화덕에서 불을 훔쳐 인간에게 가져다 주었을까. 신화는 이 질문에 답을 주지 않지만 이 이야기는 수많은 인간에게 감동과 영감을 주었고 화가와 작가 들의 손에서 새롭게 해석되고 탄생되었다. 물론 이 작품들은 신화 속 세계와는 별개로 존재하는 저마다의 시대를 바탕으로 한다. 오늘을 사는 우리는 신화의 세계에도, 화가와 작가의 시대에도 살지 않는다. 따라

필리포 라우리Filippo Lauri, 〈마르시아스의 형벌Le supplice de Marsyas〉, 17세기경, 루브르 박물관Musée du Louvre

서 우리에게 남은 과제는 남겨진 작품들에서 무엇을 어떻게 보고 읽을 것인가이다.

〈마르시아스의 형벌〉도 그리스 신화 중 하나로, 반인반수 '마르시아스'가 음악의 신 '아폴론Apollon'에게 연주 내기를 제안하는 이야기다. 내기의 조건은 뮤즈의 심판에 따라 진 쪽이 이긴 쪽의 처분을 따르는 것이었다. 뮤즈는 피리를 연주한 마르시아스나 리라를 연주한 아폴론의 연주 모두 훌륭해서 누구의 편도 들어줄 수 없었다. 그러나 음악의 신인 아폴론은 무승부를 받아들일 수 없었고 악기를 거꾸로 들고 연주해서 승부를 내자며 억지를 부린다. 아폴론의 악기인 리라는 거꾸로 연주해도 소리가 나지만 피리는 그럴 수 없는 악기이기 때문이다. 결국 거꾸로 연주해서는 소리조차 낼 수 없었던 마르시아스가 아폴론에게 지고 만다. 내기의 조건에 따라 마르시아스는 아폴론의 처분에 따라야 했고, 신에게 도전장을 내민 마르시아스는 살가죽이 벗겨지는 고통을 견뎌야만 했다. 이 이야기는 이탈리아의 화가 필리포 라우리에게 영감을 주었고 한 점의 그림으로 다시 태어난다.

오른편 나무에는 아폴론의 리라가 기대어 놓여 있고 마르시아스와 피리는 나무에 묶여 있다. 아폴론은 덤덤한 표정으로 마르시아스의 살가죽을 벗기는 중이다. 혹시 이 그림을 보며 고통스런 신음이 들리고 온몸이 뻣뻣해지는 것을 느꼈다면, 그건 마르시아스에게 시선이 머물고 있기 때문이다. 긴장 때문에 쫙 펴진 손가락과 굳어 버린 듯한 온몸의 근육이 그의 고통을 소리 없이 전해 주고 있다. 하지만 마르시아스의 신음 외에 둘을 지켜보고 있는 요정 둘과 반인반수 사티로스Satyros 다섯의 소리는 들리지 않는 다. 그 누구에게서도 외침은 들리지 않는다.

"제우스의 아들이며 태양과 의술, 이성을 담당하는 아폴론이시 여! 당신의 내기가 얼마나 억지스러웠는지 당신도 알고 있지 않 소. 이건 처음부터 잘못된 내기였소. 그러니 마르시아스를 어서 풀 어 주시오!"

이런 항변은 고사하고 아름다운 자태의 요정 둘은 눈앞에서 벌 어지는 일에는 도통 관심이 없어 보이고, 사티로스들은 두려움에 떨며 침묵하고 있다. 오히려 마르시아스의 살가죽을 벗기는 아폴 론의 분노에 찬 냉정한 소리만이 고통스런 신음과 함께 그림 속을 채우고 있다.

"감히 음악의 신이자 태양의 신인 나에게 도전하다니! 그 결과 가 어떤 것인지 똑똑히 지켜보시오. 앞으로 이런 무모한 도전을 한다면 누구라도 마르시아스처럼 용서하지 않겠소!"

이 그림이 17세기 유럽의 절대왕정기에 그려진 점으로 미루어 보아 왕권에 도전하지 말라는 경고로 해석할 수 있다. 오늘을 사 는 우리는 두려움에 떨고 있는 사티로스와 무심한 표정의 요정들 을 통해 공포를 이겨 나가는 대안을 찾았으면 좋겠다.

눈앞에서 벌어진 일에 무심했고 두려움에 떨던 요정들과 사티 로스들은 아폴론의 행동이 정당하다고 생각했을까. 로마 시민 공동체의 자유와 이를 보장하는 사법권을 뜻하는 말이 마르시아스라는 점을 상기해 보면 이 이야기를 전해 들은 당시 사람들은 아폴론의 주장에 동의하지 않았다는 것을 짐작할 수 있다.

두렵고 무서운 느낌의 공포. 이것이 신화에만 있는 일은 아니다. 먹을 것이 없어 굶주리는 아이들이 느끼는 공포, 어디에서 폭탄이 터질지 모르는 두려움에 떠는 분쟁 지역 사람들이 느끼는 공포는 우리가 입에 올리기 부끄러울 정도로 비참하다. 이토록 차마 상상하기 어려운 일이 우리의 역사 속에도 있었다. 추운 겨울 먹을 것이 없어 굶주림에 죽어 간 사람들, 언제 토벌대가 닥쳐 목숨을 앗아 갈지 모르는 공포와 마주해야 했던 시절이 우리에게도 있었다. 그것도 아름답기만 한 제주에서.

제주는 잘 알려졌다시피 아름답고 신비로운 섬이다. 다랑쉬 오름을 비롯한 수천 개의 오름과 신비로운 용암 동굴, 눈부시게 반짝이는 푸른 바다와 마을과 마을 사이의 올레길 등 제주가 아름다운 이유는 셀 수 없이 많다. 어떤 이들은 제주의 아름다움에 반해 아예 삶의 근거지를 제주로 옮기기도 한다. 하지만 과거의 제주는 지금처럼 쉽게 갈 수 있는 곳이 아니었다. 해로로 900리를 가야 했고 거센 파도를 견뎌야 도착하는 곳이어서, 추사 김정희를 비롯해 벼슬하던 선비들의 유배지였다. 또 남한의 단독정부 수립을 유일하게 반대했던 지역이기도 했다. 남한의 단독정부 수립에 반대했다는 말이 무슨 뜻인지 모르겠다면 '마지막 테우리'인 순만이 할아버지의 이야기를 통해 알아보자. '테우리'는 제주 방언으로 목동이라는 뜻이니 순만이 할아버지는 소를 치는 사람이다.

　오름 분화구의 동북쪽에 있는 마을의 공동 목장에 소설小雪이 지나자 목장마다 계꾼들이 올라와 소들을 데리고 내려가 버렸다. 이제 남은 것은 암소와 송아지, 테우리 고순만 노인이다. 생명이 스러져 가는 초겨울의 초원에는 이제 소 두 마리만 남아 오름과 떨어진 냇골창의 웅덩이물을 마시고 있다. 문득 바람의 방향이 바뀌고 요란한 크레인 소리가 들려온다. 골프장을 만든다고 또 목장을 까발리는 소리다. 생흙, 야초지는 사라지고 독한 농약이 뿌려질 죽음의 양탄자 잔디가 번드르르하게 깔릴 예정이다. 초원을 야금 야금 잠식해 오는 죽음의 소리만큼이나 일흔여덟 살 노인은 자신에게 찾아오는 죽음의 그림자를 느낀다. 그러다가 노인은 자신은 그때 죽었어야 할 목숨이라고 생각한다.

　　"이보게, 안 그런가 말이여, 나라를 세우려면 통일정부를 세워야지, 단독정부가 웬 말인가."

　오름마다 봉화가 터지고 해변이 아닌 초원으로 올라온 사람들과 우마로 가득 찼던 그때. 사람들은 그들의 선택이 불러올 대살육을 알지 못했다. 마치 초원을 잠식하는 공사장의 크레인처럼 중산간의 이백여 마을이 불태워 없어지고 수많은 마소와 무수한 사람이 죽어 초원의 백골로 방치될 것을 그들은 몰랐다. 중산간 마을이 불타고 간신히 살아남은 죄 없는 사람들은 산야로 쫓겨 다녀야 했다. 굶어 죽지 않고 얼어 죽지 않고 버티는 것이 유일한 투쟁이었던 그때, 고순만은 소를 돌보는 테우리가 아닌 소를 죽이는 백정이 되었다. 그러다 토벌군에게 붙잡히고, 사람들이 숨어 있는 굴을 대라는 폭행이 가해지자 그 고통을 이기지 못해, 지난 봄 오며 가며 발견한 조그마한 굴을 거짓으로 말한다. 물론 그 굴에 손주 아이를 끌어안고 제발 이 아이만이라도 살려 달라고 애걸하는 두 늙은 내외가 있을 것이라고는 생각조차 못했다. 초원의 지하 여기저기에 숨어 있던 용암 동굴들과 그 안에 잔뜩 웅크린 피난민과 입산자 가족들이 굶주림에 지쳐 토벌군의 발걸음 소리를 무서워할 기력도 없이 죽어 간 때가 제주4·3이다. 그러나 세상은 초원의 과거를 더 이상 기억하지 않으려는 듯 그곳을 골프 잔디로 아름답게 메꾸고 있다. 우리 또한 제주의 아름다움에 취해 불과 육십여 년 전에 총살당했거나 독약을 태운 연기에 질식해 죽어 간 사람들을 기억하지 못한다. 어쩌면 기억은커녕 그런 일이 있었다는 사실조차 모르는 이들이 더 많을 수도 있다. 어떻게 이럴 수 있을까.

이 질문에 대한 답은 〈마르시아스의 형벌〉 속 사티로스들과 요정들의 침묵에서 찾아볼 수 있다. 침묵은 때때로 아주 강력한 저항의 표시가 되기도 하지만 반대로 외면의 다른 말이 되기도 한다. 우리가 제주의 4·3항쟁을 잘 알지 못하는 것, 혹은 제대로 알려고 하지 않는 이유는 사티로스들과 요정들의 마음에서 찾을 수 있지 않을까. 공포 앞에서 침묵하고 외면하고 싶은 것이 사람의 마음이니 말이다.

당시 라우리의 그림은 그리스 신화를 빌려 절대왕권에 도전하지 말라는 경고의 기능을 했을지 모른다. 하지만 17세기의 절대왕권은 이런 경고가 무색할 만큼 불과 백 년이 지나기도 전에 무너져 버린다. 그림 속 아폴론의 바람과는 달리 침묵하고 있던 사티로스들과 요정들이 부당함에 대해 함께 이야기하고 행동했기 때문이다. 어쩌면 아폴론이 정말 두려웠던 것은 한 명의 마르시아스가 아니라 그를 지켜보고 있던 수많은 요정과 사티로스가 아니었을까. 제주를 크레인으로 뒤덮고 죽음의 잔디로 치장하는 것 역시 제주4·3의 기억을 재빨리 덮기 위한 오늘을 사는 아폴론의 마음일 수 있다. 나에게 일어나지 않아 다행인 이 두려운 일 앞에서 우리 사회는 침묵을 권했다. 그리고 우리는 아폴론의 바람처럼, 사티로스들과 요정들처럼 아주 오랫동안 침묵했다. 그 결과 소설 속 독백처럼 희생자 유족들조차 체념하게 만들었다. 하지만 침묵을 깨고 입을 열 때야 비로소, 신화 속 인물인 마르시아스가 현실 속 로마 공화정의 사법권을 뜻하는 말이 되고, 유럽의 절대왕권이 시민들의 힘으로 무너진다는 것을 기억해야 한다. 침묵은 두려움을 이기는 방법이 아니다. 공포보다 더 두렵고 무서운 것은 어쩌면 두려움을 대하는 우리의 태도다.

저 항 을 보 는 또 다 른 시 선 1

수전 손택, 『타인의 고통』

내가 겪어 보지 않은 고통을 상상하게 만드는 가장 좋은 매체는 사진 같은 이미지다. 차마 눈 뜨고 볼 수 없는 장면들은 사람들의 마음을 자극한다. 하지만 이내 찌푸렸던 표정을 풀고 우리는 일상으로 돌아간다. 간혹 어떤 사람들은 연민이나 동정심으로 기부를 하거나 구호 활동에 참여하기도 한다. 수전 손택Susan Sontag은 사람들의 이 행동을 단호하게 규정한다. 고통받는 사람들에게 필요한 것은 순간의 연민이 아니라, 그 고통의 원인에 자신이 연루되어 있을지도 모른다는 사실을 성찰하고 해결하는 것이라고. 한두 번의 기부와 구호 활동으로 마음의 짐을 덜어 내는 것이 중요한 것이 아니라는 것이다.

이 책은 사진이라는 이미지가 보여 주는 타인의 고통을 어떻게 대해야 할지 이야기한다. 우리에게 필요한 것은 사람들의 마음을 휘저어 놓는 고통스런 이미지들이 제공한 최초의 자극이 아니라, 그 너머의 행동이라는 그녀의 말에 귀 기울일 때다.

뉴스는 늘 새로운 소식을 전하지만, 이 소식들 대부분은 누군가의 고통과 관련되어 있다. 뉴스를 보며 유쾌해지고 즐거워지는 경험을 하기는 어렵지만, 우리들 대부분은 끔찍한 뉴스를 보면서도 아무렇지 않게 밥을 먹는다. 혹은 휴대전화를 만지작거리며 끔찍한 사건과 사고를 실시간으로 '공유'하고 '트윗'하며 '좋아요'를 누른다. 잠시 인상을 찌푸리고 화를 낼 수도 있지만 곧 매우 침착하게 각자의 일상으로 돌아간다. 대중매체가 보여 주는 죽어 가는, 혹은 죽은 사람들, 난민이 된 사람들, 무너져 내린 건물과, 총알이 날아다니는 거리가 더 이상은 충격으로 다가오지 않는다. 대중매체들이 사실을 전달한다는 명목을 내세워 보여 주는 수많은 이미지에 무감해진 탓이다. 이런 무감각은 그 일이 나의 일이 아니라는 안도감과 더불어, 그 일을 겪고 있는 '그들'을 그런 일을 겪지 않는 '우리'와 분리해 버리기까지 한다. 심지어 단지 몇 장의 사진만으로 마치 현실을 이해하고 있는 것 같은 착각에 빠지게 한다. 사실 우리가 보는 이미지들 중 스스로 선택해서 본 것은 한 장도 없는데 말이다. 어쩌면 우리가 스스로 생각한다고 믿는 문제들조차 사실은 누군가에 의해 생각하게끔 만들어진 것일 수도 있다.

우리는 날마다 타인의 고통을 마주하지만, 또 날마다 그 고통을 외면한다. 잠시 분개하고 SNS로 공유하고 안타까워하지만 딱 거기까지다. 수전 손택이 말한 대로 이미지가 제공한 최초의 자극에 고통스러워하고 연민의 마음을 갖는 것으로 끝난다. 이 고통이 어디에서 비롯된 것이며, 이 고통이 지금 나의 편안함과는 어떤 관련이 있는지 생각해 보지 않는다. 매우 쉬운 예로 굶주림으로 앙상하게 뼈만 남은 아이의 사진이 제공하는 자극에 인상을 찌푸리지만, 뜨거운 태양 아래에서 코코아를 수확했을 아이들은 생각하지 않는다. 손쉽게 껍질을 벗기고 달콤한 맛을 한가득 즐기지만 아이들이 노동 현장으로 밀려나야만 하는 아프리카의 현실을 외면한 채, 아니 외면인지조차 모른 채 살아간다. 타인의 고통과 나의 삶은 무관하다고 생각하면서.

이제 마르시아스의 고통을 담고 있는 그림 앞에 다시 선다. 그림을 보며 긴장하거나 인상을 찌푸리지 말고 그가 왜 무모하게 아폴론에게 도전했는지 궁금해하며 남은 사티로스들의 행동을 상상해 보아야 한다. 그것이 이미지가 준 최초의 자극에 대항해 우리가 할 수 있는 일이다. 제주의 푸른 바다를 뒤덮었을 선홍빛 핏빛에 가슴이 먹먹해지는 것이 아니라, 그날 이후 '그들'이 되어 버린 제주의 희생자들을 기억하는 방식, 위로하는 방법, 다시는 이런 일이 반복되지 않기 위해 어떤 노력을 기울여야 하는지 이야기해 보는 것이 타인의 고통을 대하는 최소한의 예의다.

조용히,
나를
따르라!

박상률, 『너는 스무 살, 아니 만 열아홉 살』—— 강요배, 〈피살〉

군중의 도덕성을 좌우하는 결정적인 요인이 무엇인지 아직 밝혀지지 않았다. 흥미로운 사실은, 군중을 이루는 개개인의 도덕적 수준과 별개로 특정한 윤리적 파동이 현장에서 발생된다는 것이다. 어떤 군중은 상점의 약탈과 살인, 강간을 서슴지 않으며, 어떤 군중은 개인이었다면 다다르기 어려웠을 이타성과 용기를 획득한다.

• 한강, 『소년이 온다』 중에서

나치 전범인 아이히만Otto Adolf Eichmann을 재판하는 과정에서 한나 아렌트Hannah Arendt가 말한 '악의 평범성'이 떠오르는 문장이다. 하지만 한강의 글은 이면에 존재하는 숭고한 군중의 힘에 대한 이야기로 읽고 싶다. 1980년 5월 18일, 광주에서 있었던 일을 소재로 펴낸 『소년이 온다』는 말 그대로 소년, 소녀 들의 이야기이기 때문이다. 그녀는 자신의 소설에서 그날 죽은 이와 살아남은 이들에 대해 이야기한다. 참혹하여 말로 표현하기 힘든 일들 속으로 그녀는 주저 없이 독자를 안내한다. 사실 나는 이 일에 관해 이야기할 자격이 없다. 불과 삼십여 년 전의 일이지만 기억에 자리하지 않는 일을 표현할 방법을 모르기 때문이다. 그럼에도 그때 살아남아 오늘을 사는 예술가들은 그날을 표현한다. 영문도 모른 채 죽어 가야 했던 이들과, 인간으로서 견뎌 내기 힘든 모멸과 슬픔을 기억하기 위해서 그들은 그 사건을 표현한다. 이렇게라도 되살려 놓지 않으면 제대로 배운 적도, 제대로 남은 것도 없는 그날을 정말 잊어버리게 될까 걱정되기 때문이다.

소설가 한강은 그날의 중심에 있었던 이들을 이야기했으나 소설가 박상률은 그날의 가장자리에 있던 사람들의 이야기를 건넨다. 그날을 이야기할 때 중심과 가장자리가 있을 리 없지만 박상률은 월산댁의 아들 영균을 통해 그날의 명분이 얼마나 잘못된 것이었는지 보여 준다.

소설 『너는 스무 살, 아니 만 열아홉 살』은 이제 막 스무 살이 된 영균의 죽음을 이야기한다. 영균의 아버지는 뺑소니 교통사고로 세상을 떠나고 어머니는 그 사고로 머리와 허리를 다친다. 집안의

강요배, 〈피살〉, 1991

장남이었던 영균은 이제 장남이 아닌 가장이 되었다. 신문과 우유를 돌리고 부지런한 개미처럼 열심히 일하며 동생과 어머니를 보살피던 영균은 졸업과 동시에 철물점에서 일한다. 야간대학이긴 하지만 대학에도 입학한 아들이 월산댁은 세상 누구보다 자랑스럽고 고맙다. 그런데 벚꽃이 흐드러지게 피었다 졌을 그날의 난리통에 영균은 목숨을 잃고 만다. 아들을 묻었지만 어머니는 영균의 죽음을 인정할 수 없다. 어머니는 아들이 다니던 철물점과 학교를 전전하며 죽은 아들을 찾아다니다 급기야 아들의 묘를 파헤치고 그 안에 누워 있는 송장을 마주한다. 영균은 어쩌다 목숨을 잃게 되었을까.

영균은 일을 마치고 공부를 하려고 들른 야간대학에서 매우 상식적이며 마음을 뜨겁게 하는 선언문과 시를 마주한다. 마음이 끓고 자신도 그들과 한덩어리가 되고 싶다고 생각하지만 그에게는 보살펴야 할 가족이 있고 세상이 어떻게 돌아가든 당장 먹어야 할 세 끼가 우선이었다. 그런 영균이 난리통에 군인들을 피하다 총을 맞고 목숨을 잃는다. 아들의 죽음을 인정할 수 없는 월산댁이 그날의 광주에는 얼마나 많았을까.

월산댁은 강요배의 〈피살〉이 보여 주는 상황을 바랐을 수도 있다. 자신이 목숨을 잃고 어린 아들을 살려 낼 수만 있다면 기꺼이 무덤 속으로 기어 들어갈 수 있었을 테니 말이다. 그것이 바로 어머니의 마음이다.

사실 강요배의 〈피살〉은 5·18항쟁을 배경으로 한 작품이 아니다. 그보다 훨씬 이전에 일어난 제주4·3이 배경이다. 그럼에도 이 그림에 공감하는 것은 참혹하다는 말로는 부족한 인간의 욕심이 배경에 있기 때문이다. 권력을 차지하기 위해서라면 수단과 방법은 그리 중요하지 않은 인간의 야욕. 그리고 그 야욕을 채우기 위한 희생이 전혀 엉뚱한 곳에서 일어난다는 점에서 두 사건은 닮았다.

그림 속 여인의 손은 스러져 가는 중에도 아이를 품고 있다. 저 아이와 아이의 어머니는 쏟아지는 총알 속에서 무엇이 옳고 그른지 판단할 틈조차 없이 도망치다 어머니는 쓰러지고, 아이는 움직이지 않는 어머니를 마주해야 했을 것이다. 화가의 상상력이라 치부할 수 있으나 이런 일이 실제로 제주에서 일어났다는 사실을 당시 제주 도립병원에서 일한 경리 주임의 말을 통해 확인할 수 있다.

"박재욱 여인은 젖먹이 아이를 안은 채 식산은행 철문 앞에 쓰러져 있었습니다. 병원에 옮겨 온 뒤에도 몇 시간 동안 목숨이 붙어 있었습니다만 끝내 운명하고 말았지요. 총알은 그 여인의 오른쪽 옆구리를 관통, 왼쪽 두부 쪽으로 빠져나갔습니다. (중략) 젖먹이 어깨에도 총알이 스쳐 지나갔으나 생명에는 지장이 없었던 것으로 기억합니다."

어머니는 온몸으로 아이를 끌어안고 총알을 막아 냈다. 제주의 역사는 이렇게 한 화가의 손에서 되살아났고 강요배는 그날의 일을 담은 화집 『동백꽃 지다』를 출간하며 이런 말을 남겼다.

"역사는 불가해하고도 깊은 심연을 이루며 무겁게 흐르고, 나는 단지 그 표면을 보는 게 고작이었다. 곡해하고 오인하다 못해 심지어 훼손하지나 않을까 몹시 걱정되었다. 그러나 아직도 도착된 언설들이 4·3 혼령과 유족들의 마음을 후벼 파고 있으니, 역사는 끝난 것이 아니다."

박상률과 강요배를 통해 우리는 기억조차 쉽지 않은 그날들을 보았다. 그날의 기억을 따라가다 보면 눈물이 흐르고 가슴에 분이 차고 마음이 먹먹해진다. 진실의 민낯이 아니라 진실의 부분을 확인하는 것조차 힘겹다. 그러기에 사람들은 쉽게 외면하고 만다. 나와는 상관없다는 이유로, 나는 잘 알지 못한다는 이유로 말이다. 하지만 수많은 예술가는 그날을 복원하기 위해 애쓴다. 그들이 그날의 아픔 속으로 기꺼이 걸어 들어가는 이유는 단지 연민 때문이 아니다. 자신만의 방식으로 진실에 다가서며 침묵을 강요했던 세상을 향해 외치고 싶기 때문이다. 물론 그들의 외침에 동참할지 귀를 막을지는 우리들의 몫이다. 역사는 여전히 흐르고 있으며 끝나지 않았다.

저 항 을 보 는 또 다 른 시 선 2

에드워드 버네이스, 『프로파간다』

왜 지하철역의 에스컬레이터에서 한쪽 선의 사람들은 걷고, 한쪽 선의 사람들은 서 있을까. 벌금으로 제재하지 않는데도 지하철역 안에서 쉽게 볼 수 있는 이 풍경 안에는 '선전(프로파간다)'이라는 비밀이 숨어 있다.

우리는 '선전의 시대'를 산다. 다른 말로 광고라고도 하는 이 선전은 그야말로 공기처럼 우리 주변을 맴돌며 물건이나 시험 정보, 상황에 따른 행동 요령 등을 끊임없이 알려 준다. 사람들은 이런 선전에 익숙해지면서 유행을 만들어 내고, 결국에는 취향도 비슷해진다. 자신만의 개성과 생각은 모두 사라진다. 이러한 프로파간다, 즉 선전은 1차 세계대전에서부터 시작되었다. 어떻게 사람들을 참전시킬 것인가, 어떻게 사람들의 마음을 동요시킬 것인가를 해결하기 위해 등장한 것이 바로 선전이다.

에드워드 버네이스Edward Louis Bernays는 우리가 스스로 생각하여 행동한다고 믿는 것도 사실은 보이지 않는 소수의 사람들의 이익과 믿음에 따라 움직인다고 말한다. 물론 전쟁이 끝난 지금도 프로파간다는 여전히 진행 중이다. 소수의 정치가, 기업가 등의 은밀한 통치에서 다수가 자유로울 수 없기 때문이다.

영화 〈인셉션Inception〉에 등장하는 드림머신은 다른 사람의 꿈 속에 들어가 생각을 빼 올 수 있는 기계다. 영화는 여기에서 한 걸음 더 나아가 사람이 잠들어 있는 사이 꿈속에 들어가 새로운 생각을 심는다. 영화는 보이지 않는 세계를 보이는 것처럼 넘나들며 생각을 수정하고 심는다. 영화 밖 세상을 사는 우리들의 생각은 어디에서 시작된 것인지 궁금해진다.

프로파간다는 '선전'을 의미한다. 우리가 잘 아는 말로는 PR, 즉 광고다. 이 책은 오랫동안 반전 국가였던 미국이 1917년 1차 세계대전에 참여할 수 있었던 이유가 바로 이 선전에서 비롯됐다고 말한다. 히틀러Adolf Hitler는 독일의 패배를 지켜보며 선전의 힘에 감탄했고 실제 2차 세계대전 동안 자신만의 선전 체계를 갖추고 이를 활용했다. 사람들의 분노와 기쁨은 몇 사람의 말과 글과 그림을 통해 선동되었고, 이를 접한 많은 사람은 이것을 자신의 생각이라 착각했다. 하지만 전쟁은 끝났고 프로파간다는 홍보 산업의 핵심 안내서가 되었다. 여배우의 옷, 가방, 장식품이 유행하는 건 새삼스럽지 않다. 사라져 가던 물건에 생명을 불어넣는 일, 금기되었던 일을 당연하게 만드는 일도 프로파간다의 힘이다. 내 생각은 어디에도 없다.

우리는 총성이 오가는 전쟁을 지나 돈이 오가는 전쟁의 시대를 산다. 가만히 있어도 들리고 보이는 광고의 홍수 속에서 자신의 취향과 생각마저 지배당한다. 그리고 매우 중요하다고 생각했던 '사건'들마저 기억 속에서 희미해지다가 마침내 사라진다. 희미해지고 사라지게 만드는 소수의 누군가가 있음은 분명하다. 1947년 4월 3일, 1980년 5월 18일과 같은 날이 우리의 기억 속에서 조용히 사라지고 있는 것처럼 말이다. 입을 다물고 알기를 원하지 않게 되는 날, 다른 누군가가 만들어 놓은 세상이 진실이라 믿는 날이 온다면 4월 3일과 5월 18일은 영영 사라질 것이다. 그리고 그 모습에 슬며시 입꼬리를 올리며 누군가는 웃을 것이다. 이것이 앞서 본 두 작품뿐 아니라 이날과 관련된 많은 예술 작품의 앞을 떠나지 않고 스스로 생각해 보는 연습이 필요한 이유다.

슬픔이
뭔지
아니?

정호승, 「**슬픔이 기쁨에게**」 — 조르주 쇠라, 〈**그랑자트 섬의 일요일 오후**〉

〈그랑자트 섬의 일요일 오후〉는 학교 시험에도 종종 나오는 신인상파 화가, 혹은 점묘법의 화가로 알려진 조르주 쇠라의 작품이다. 쇠라는 흔히 말하는 빨강, 노랑, 파랑의 삼원색과 색채의 대비, 보색 등을 공부하고 이것을 자신의 그림에 적용했다. 화가 대부분이 팔레트에 색을 섞어 새로운 색을 만들어 낼 때, 쇠라는 화포에 작은 점을 찍어 색을 만들어 냈다. 회화의 새로운 장을 연 이 방법이 대한민국 미술 시험에서 쉽게 만날 수 있는 점묘법이다. 그는 빛과 색의 과학적 현상을 회화라는 장르에 끌어들였다. 3미터에 달하는 〈그랑자트 섬의 일요일 오후〉는 3년간의 스케치와 2년간

조르주 쇠라Georges Seurat, 〈그랑자트 섬의 일요일 오후A Sunday on La Grande Jatte〉, 1884~1886,
시카고 아트 인스티튜트The Art Institute of Chicago

의 작업으로 완성된 대작이다. 그림 속 인물들은 고요하고 평화로
우며 대부분 모자를 쓰고 있다. 당시 파리 시민들에게 모자는 단
지 해를 가리거나 멋을 내는 것 이상의 의미를 지니고 있었는데,
이는 그림이 말하려는 바와 관련이 깊다.

낮고 둥근 모자는 노동자 계층을, 높은 모자는 귀족을, 꽃이 달
린 모자를 쓴 여성은 매춘부를 상징한다. 다시 말해 다양한 크기의
모자가 등장하는 '그랑자트 섬'은 계층과 상관없이 모두가 함께 어
울려 있는 공간이다. 게다가 그림의 전면은 원숭이를 데리고 있는
매춘부와 점잔을 빼는 그녀의 정부, 호수를 바라보는 민소매의 노
동자가 차지하고 있다. 이 그림이 매력적인 이유는 이렇게 가장 낮
은 계층을 먼저 본 '쇠라의 시선' 때문이다. 그의 또 다른 작품 〈아
스니에르에서 물놀이하는 사람들Une Baignade à Asnières〉, 〈포즈를
취한 여인들Les Poseuses〉, 〈캉캉Le Chahut〉도 노동자나 누드 모델,
무용수처럼 낮은 계층의 사람들이 주인공이다. 순간을 영원으로
남기고 싶었던 쇠라는 새로운 방식으로 순간을 남겼으며 가장 낮
은 사람들의 가장 평온한 순간을 선택했다.

"즐겁게 춤을 추다가 그대로 멈춰라!" 〈그랑자트 섬의 일요일
오후〉를 볼 때면 호흡을 멈추고 소리 내지 않으려 애쓰게 된다. 개
짖는 소리, 치마의 서걱거림, 사람들의 웅성거림이 순식간에 사라
진 장면은 이 그림의 매력이자 불편함의 시작이다. 그림 속 배경
인 그랑자트 섬은 한 주의 피로를 풀기 위한 평화로운 곳이다. 누
구나 올 수 있고 모두에게 평등한 햇살을 허락한다. 하지만 그곳

에 모인 사람들은 자연이 주는 공평함과는 다르게 머리에 쓴 모자로 자신의 계층을 드러낸다. 마치 꼭 그래야 하는 것처럼 말이다. 그림에 담긴 쇠라의 따스한 시선에도 마음이 편하지 않은 까닭은 잠시 멈춘 이 순간을 지나 다시 시작될 그들의 삶 때문이다. 정지된 화면이 다시 움직여도 머리 위 모자는 바뀌지 않을 것이라는 추측에 '마음이 편하지 않고 괴롭다'는 의미를 가진 '불편'이라는 단어가 떠오르는 것이다. 어쩌면 쇠라도 이런 불편함을 조금 덜어 보고자, 아니 이 불편함을 유발하기 위해 노동자와 매춘부를 그림 맨 앞에 그려 넣었는지도 모른다.

사실 쇠라가 보여 준 풍경은 오늘날에도 쉽게 발견할 수 있다. 자동차, 옷, 신발, 가방 등의 브랜드는 그랑자트 섬의 사람들이 쓰고 있는 모자와 같은 기능을 한다. 상품은 누구에게나 판매하지만 아무나 살 수 없는 것처럼, 소비의 능력에 따라 사람들의 계층은 구분된다. 많이 살수록 높은 등급이 될 수 있는 쇼핑 시장은 오늘날의 새로운 그랑자트 섬인 셈이다.

이런 쓸쓸함을 사이에 두고 정호승 시인은 "사랑보다 소중한 슬픔을 주겠다"라고 말한다.

나는 이제 너에게도 슬픔을 주겠다
사랑보다 소중한 슬픔을 주겠다
겨울밤 거리에서 귤 몇 개 놓고
살아온 추위와 떨고 있는 할머니에게

굴값을 깎으면서 기뻐하던 너를 위하여
나는 슬픔의 평등한 얼굴을 보여주겠다
내가 어둠 속에서 너를 부를 때
단 한 번도 평등하게 웃어주질 않은
가마니에 덮인 동사자가 얼어 죽을 때
가마니 한 장조차 덮어주지 않은
무관심한 너의 사랑을 위해
흘릴 줄 모르는 너의 눈물을 위해
나는 이제 너에게도 기다림을 주겠다
이 세상에 내리던 함박눈을 멈추겠다
보리밭에 내리던 봄눈들을 데리고
추워 떠는 사람들의 슬픔에게 다녀와서
눈 그친 눈길을 너와 함께 걷겠다
슬픔의 힘에 대한 이야기를 하며
기다림의 슬픔까지 걸어가겠다

• 「슬픔이 기쁨에게」 전문

이 시는 "나는 이제 너에게도 슬픔을 주겠다"라는 선언으로 시
작한다. 지금까지 슬픔이 무엇인지 알지 못한 채 살아온 '너'에
게 슬픔을 주겠다는 것이다. 이때의 슬픔은 무엇인가를 빼앗거나
'너'를 위험에 처하게 해서 생기는 것이 아니다. 가난한 이의 몫에
서 취한 이익을 기뻐하고, 어둠 속에서 부르는 소리를 외면했으며,

사람의 죽음 앞에서조차 눈물 흘리지 않는 너는 다른 사람들에게 관심 없는 사람들이다. 가난한 이의 몫보다 자신에게 생긴 이익을 먼저 계산하는 평범한 사람들이다. '나'는 '너'와 같은 우리들에게 함박눈을 멈추고 봄눈을 데리고 와 눈길을 함께 걸으며 슬픔의 힘에 대해 이야기하겠다고 말한다. 과연 가능할까. 쇠라의 그림처럼 잠시 멈칫할 뿐 쉽게 변할 수 없는 게 아닌가 생각하며 시인의 선언을 자꾸 의심한다.

이 시의 제목이 말해 주듯 '슬픔'은 말하고 '기쁨'은 듣는다. 슬픔은 기쁨에게 슬픔이 가진 강한 힘을 이야기한다. 하지만 슬픔이 힘을 가지려면 아주 오랜 기다림이 필요하다. 또한 슬픔은 무엇인가를 가지는 것이 아니라 잃어버릴 수도 있어야 하는 힘이다. 슬픔은 이제 기다림의 슬픔마저도 감수하겠다고 이야기하지만 기다림을 실천하기란 어려울 수밖에 없다. 자꾸 의심이 생기고 현실과 타협하고 싶어진다. 쇠라의 그림이 보여 주는 평화로운 광경에 취해 정지된 세상이 다시 움직일 때 생겨날 차별과 갈등을 외면하고 싶어진다. 외면하고 싶을 때 생기는 불편함을 시작으로 '슬픔'은 또다시 슬픔의 힘을 말한다. 쇠라의 정지된 그림만 보고 좋아했던 '기쁨'에게 움직이는 세상의 문제를 알려 주면서 말이다.

한 사람이 경험해 볼 수 있는 세상은 길어야 백 년이다. 우리는 시작과 끝을 논할 수 없는 긴 시간 중 한순간을 살고 있다. 비록 우리가 볼 수 있는 시간 중에 세상이 변하지 않는다고 해도, 기쁨이 지금 당장 슬픔의 말을 이해하지 못한다고 해도 조바심을 낼 필요는 없다. 다만 이미 슬픔을 알게 된 이들이 지치지 않도록 마음을 모으고 함께 소리 내는 일은 멈추지 않아야 한다. 쇠라의 그림 속 사람들처럼 조용히 침묵하고 있다면 기쁨은 아무것도 모를 수 있을 테니.

저 항 을 보 는 또 다 른 시 선 3

우치다 타츠루, 『하류지향』

교실에 두 아이가 나란히 앉아 있다. 한 아이는 영어 수필을 거침없이 써 내려 가고 한 아이는 그 아이를 신기한 듯 바라본다. 두 아이에게 언제부터 영어를 배우기 시작했느냐고 똑같은 질문을 건네 본다. 수필을 거침없이 쓰던 아이는 영어 유치원을 다니면서부터라고 답하며 방학 중에는 종종 해외로 어학연수도 다녀왔다고 말한다. 아직 대답하지 못한 아이는 머쓱한 웃음을 짓는다. 두 아이가 살고 있는 집의 평수만큼이나 학력 격차가 생긴 모습을 보며 개천에서 용 나기가 정말 힘든 세상이 된 건 아닌지 생각해 본다.

이 책은 두 아이에게 던진 질문에 대한 답 대신 부유한 가정의 아이들이 빈곤한 가정의 아이들보다 높은 학력을 보이는 이유를 분석한다. 우치다 타츠루內田樹는 학력 격차가 '노력의 차이'가 아니라 '노력에 대한 동기부여의 차이'라고 말한다. 부유층 가정의 아이들과 빈곤층 가정의 아이들 사이에 차이를 만드는 '동기'란 무엇일까. 무엇 때문에 빈곤층 가정의 아이들은 학력을 신뢰하지 않고 쉽게 포기하는 걸까.

중고등학생 대부분은 교복을 입는다. 교복은 매일 입어도 될 만큼 실용적이고, 학생 신분을 보장해 주는 안전장치이기도 하다. 하지만 교복이 누구에게나 평등한 것은 아니다. 교복은 학생이라는 신분과 동시에 '어느' 학교 학생이라는 것을 드러내기 때문이다. 특히 평준화가 아닌 비평준화 지역일수록 교복은 학교 서열과 학생의 학력 수준을 보여 주는 기준이 되기 쉽다. 조르주 쇠라의 '모자'는 이제 교복으로 변형되었고, 노동자와 귀족이라는 사회 계층은 학력으로 변형되었다. 우치다 타츠루는 이 학력이라는 계층이 고정되어 변하지 않을 수도 있다는 염려를 『하류지향』을 통해 말한다.

그가 책에서 가장 염려하는 부분은 '하류'라며 자신의 계층을 인정해 버리고 여기에서 벗어나려고 노력하지 않는 사람들이다. 그는 이런 현상이 "무엇인가를 사는 사람"으로서의 경험에서 비롯된다고 본다. 자본주의 사회에서 소비자는 화폐를 매개로 물건을 구매한다. 나이가 어리다고 예외는 아니다. 하지만 이런 교환가치를 어릴 적부터 습득한 이들은 학생이 되면 교사와도 거래를 시도한다. 쉽게 말해 "공부하면 뭐가 좋아요?", "공부하면 뭘 줄건데요?"와 같은 반응을 보이는 것이다. 알고 있겠지만 공부를 한다고 해서 교사가 해 줄 수 있는 일은 많지 않다. 더욱이 공부를 한다고 해서 지금 당장 대가를 받을 수 있는 것도 아니다. 공부로 인해 성공해 본 경험이 없는, 혹은 그런 경험이 적은 아이들은 공부를 해도 교환되는 것이 없음을 확인하고 더 이상 공부를 하지 않는다. 나아가 열심히 노동하여 받은 보상이 적다고 느끼면 아무 것도 하지 않는 하류로서의 삶을 살아간다. 이렇게 그들은 노력하면 무엇인가를 얻을 수 있다는 '신뢰'를 상실해 버린다. 공부든 일이든 상관없이 말이다. 이 책이 전제로 하고 있는 하류와 상류, 혹은 중류와 같은 계층은 올바르지 않다. 하지만 스스로 공부하지 않고 포기하는 삶, 무엇인가에 노력하는 일을 더 이상 신뢰하지 않는 삶은 문제다.

정호승의 시는 이런 문제에 대한 작은 대안이 될 수 있다. 공부를 하지 않는 학생들을 염려하는 일, 공부와 멀어지는 학생들의 어려움을 이해하는 일은 정호승이 말하는 슬픔의 일이다. 이들이 무엇 때문에 공부와 멀어졌는지 고민하고 해결하기 위해 노력하는 일은 "기다림의 슬픔"이다. 반면, 친구의 실수 때문에 조금 올라간 등급에 기분 좋아하는 일은 기쁨의 이기적인 태도다. '남들보다 조금 나은' 학교, '남들보다 조금 나은' 회사, '남들보다 조금 나은' 연봉 등 '남들보다 조금 나은'이라는 매우 소박한 욕심은 기쁨이지만, 이 소박한 욕심이 만들어 낸 '경쟁'은 죽어 가는 사람조차도 외면하게 만들고 말았다.

정호승은 이때, 말한다. 기쁨을 데리고 "추워서 떠는 사람들의 슬픔"에게 다녀오겠다고 말이다. 봄눈을 데리고 와서 함께 가겠다는 슬픔의 말은 혼자서는 힘든 일이지만 함께라면 가능하다고 말하는 듯하다. 만약 '남들보다 조금 나은'을 이루지 못한 사람들이 하류의 삶을 받아들이고 이를 당연하게 여긴다면 지금 당장은 누군가가 취하는 몫이 더 많아져 기쁠지 모르겠다. 하지만 시간이 지나 경쟁이 치열해지면 나 역시도 '남들보다 조금 나은'을 이루지 못하는 하류가 된다는 사실을 잊지 말아야 한다. 그리하여 우리는 지금 '슬픔'이 내미는 손을 잡고 눈 그친 눈길을 함께 걸으며 이야기해야 한다. 입을 다물고 혼자서만 걸어가려고 하면 안 된다. 함께 이야기하고 함께 걸어가는 일, 힘들고 어려운 일이지만 기다려 주는 슬픔이 있는 길이 바로 서로를 '하류'로 만들지 않는 길이다.

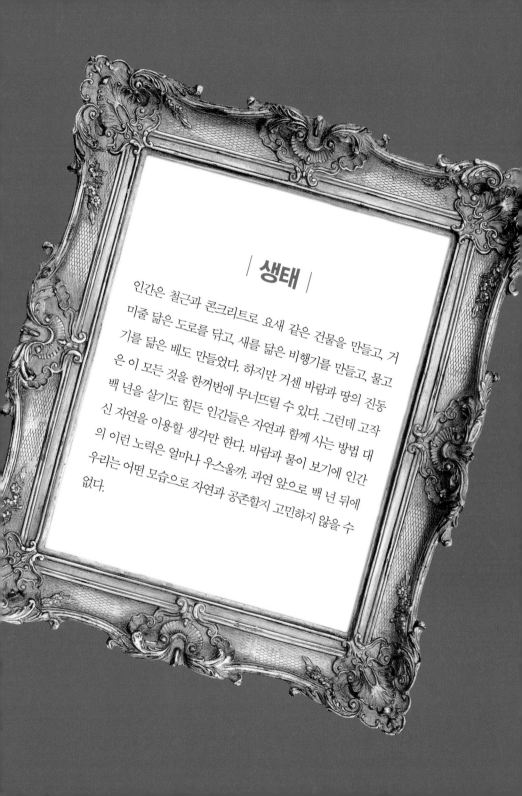

| 생태 |

인간은 철근과 콘크리트로 요새 같은 건물을 만들고, 거미줄 닮은 도로를 닦고, 새를 닮은 비행기를 만들고, 물고기를 닮은 배도 만들었다. 하지만 거센 바람과 땅의 진동은 이 모든 것을 한꺼번에 무너뜨릴 수 있다. 그런데 고작 백 년을 살기도 힘든 인간들은 자연과 함께 사는 방법 대신 자연을 이용할 생각만 한다. 바람과 물이 보기에 인간의 이런 노력은 얼마나 우스울까. 과연 앞으로 백 년 뒤에 우리는 어떤 모습으로 자연과 공존할지 고민하지 않을 수 없다.

과학,
알고
싶니?

이문재, 「광화문, 겨울, 불꽃, 나무」 — 조셉 라이트, 〈공기 펌프 속의 새 실험〉

"아버지, 차마 볼 수가 없어요."

"얘야, 괜찮다. 여길 좀 보렴. 공기가 이렇게 중요한 것이란다. 과학을 알아야 살 수 있어."

딸아이의 어깨를 감싸며 아버지가 했을 말을 상상해 본다. 그림은 눈에 보이지도 잡히지도 않는 공기의 존재를 실험을 통해 증명하는 중이다. 커다란 유리통 안에 앵무새 한 마리를 집어넣고 펌프로 공기를 빼낸다. 앵무새는 어떻게 되었을까. 이제 앵무새의 운명은 신이 아니라 공기 펌프를 쥐고 있는 늙은 과학자의 손에 달려 있다.

조셉 라이트Joseph Wright, 〈공기 펌프 속의 새 실험 An Experiment on a Bird in the Air Pump〉, 1768, 런던 내셔널 갤러리

이 그림은 18세기 산업혁명이 몰고 온 과학에 대한 대중의 관심을 배경으로 한다. 과학에 대한 사람들의 호기심과 열망이 얼마나 대단했는지는 보름달이 뜬 밤, 가정집에서 이런 실험이 이루어졌다는 것으로도 짐작이 가능하다. 이제 이들은 보름달과 조그만 빛에 의지해 생소하기 만한 '공기'라는 물질을 눈으로 확인한다. 그림 속에는 무섭지만 호기심 가득한 눈으로 상황을 지켜 보는 소녀와 왠지 굳은 표정인 듯한 사내, 시간을 재며 탁자를 보고 있는 이가 있다. 창문 옆, 새장을 끌어 내리는 소년은 이 실험이 실패할 것이라고 생각하는 것일까. 그리고 어디에나 존재하는 딴짓하는 남녀도 보인다. 붉은 가운을 입은 늙은 과학자는 실험을 통해 공기의 존재를 증명하고 있지만, 이 실험을 바라보는 사람들의 태도는 이렇듯 다양하다.

조셉 라이트는 이 그림을 통해 과학을 바라보는 당시 사람들의 공포와 호기심, 의심과 관조, 그리고 무관심까지 말한다. 하지만 화가는 어쩐지 과학을 매우 긍정적으로 여기는 것처럼 보인다. 대체로 어둡게 표현한 사람들과 달리 실험 장면을 지나치게 밝게 표현하고 있는 걸 보면 말이다. 그도 그럴 것이 1765년 와트James Watt의 증기기관이 출현하면서 사람들은 장밋빛 미래를 예측했고, '산업혁명의 정신을 최초로 표현한 화가' 조셉 라이트는 예술 속에서 과학의 긍정적인 미래를 예측했다.

여기 광화문 네거리에서 과학이 가지고 온 기이한 현상을 고민

하는 시인이 있다. 이문재는 「광화문, 겨울, 불꽃, 나무」라는 시를
통해 다가올 미래를 걱정한다.

해가 졌는데도 어두워지지 않는다
겨울 저물녘 광화문 네거리
맨몸으로 돌아가 있는 가로수들이
일제히 불을 켠다 나뭇가지에
수만 개 꼬마전구들이 들러붙어 있다
불현듯 불꽃 나무!하며 손뼉을 칠 뻔했다

어둠도 이젠 병균 같은 것일까
밤을 끄고 휘황하게 낮을 켜 놓은 권력들
내륙 한가운데에 서 있는
해군 장군의 동상도 잠들지 못하고
문닫은 세종문화회관도 두 눈 뜨고 있다
엽록소를 버리고 쉬는 겨울 나무들
한밤중에 이상한 광합성을 하고 있다

광화문은 광화문 光化門
뿌리로 내려가 있던 겨울 나무들이
저녁마다 황급히 올라오고
겨울이 교란당하고 있는 것이다

밤에도 잠들지 못하는 사람들
광화문 겨울 나무들
다가오는 봄이 심상치 않다

• 「광화문, 겨울, 불꽃, 나무」 전문

어둠으로부터 해방되고 싶은 인간의 욕망은 밤이면 집집마다 등불을 밝히게 했던 고대 이집트로 거슬러 올라간다. 해가 지면 찾아오는 어둠은 자연스러운 자연의 순리지만, 불을 밝혀 어둠을 몰아내려는 인간의 행동은 순리를 거스르는 행위다. 하지만 인간은 고대 이집트 이후 지금까지 순리와는 상관없이 밤을 낮으로 바꾸는 데 몰두했다. 시인이 말하고 있듯 휘황하게 낮을 켜 놓으려고 무진 애를 썼다.

사실 겨울 광화문 네거리의 불꽃 나무는 성탄절과 관련을 맺고 있다. 하지만 예수의 탄생을 축하하기 위해 내건 반짝이는 불빛들이 신의 뜻을 거스르며 나무들을 위협한다. 낮과 밤을 혼동하며 밤이 되어도 쉴 수 없는 나무와 해군 동상의 내일은 어떨까. 시인은 다가오는 봄이 심상치 않다며 걱정한다.

조셉 라이트는 그림을 통해 신이 아닌 인간의 손에서 생명이 결정될 수 있음을 보여 주었다. 좀 더 정확히 말하자면 인간이 아닌 과학의 힘이다. 과학은 생명이라는 바벨탑을 향해 거친 항해를 시작했다. 공기를 줄였다 늘렸다 하면서 살아 있던 새의 생명이 꺼

저 가는 모습을 지켜보는 이들. 그들에게 생명은 더 이상 하늘의 것이 아니다. 하지만 오늘을 사는 시인은 그 반대를 본다. 현란하게 깜빡거리는 나무를 보며 새로운 종이 탄생했다고 외칠 뻔한다. "불꽃 나무!"가 그것이다. 그러나 정신을 차리고 보니 그것은 인간에 의해 만들어진 나무다. 겨울의 앙상함을 그대로 드러낸 채 번쩍거리는 전구를 휘감고 있는 나무 말이다. 시인은 그 나무에 측은함과 불안을 느끼며 다가올 내일을 걱정한다. 자연 앞에 겸손해야 하지만 오만해져 버린 인간이 몰고 올 미래는 어떤 모습일까.

조셉 라이트는 과학이 가지고 올 새로운 세상을 한껏 기대했다. 호기심에 가득 찬 아이들이 그 변화를 이끌어 갈 것이라 생각했다. 하지만 그의 시대에 오늘의 삶을 예상하기나 했을까. 불빛이 모자라 보름달이 뜬 날에 실험을 했던 그 시절에 밤을 낮으로 바꾸어 놓은 오늘을 상상조차 할 수 있었을까. 조셉 라이트가 오늘을 예측할 수 없었던 것처럼 우리도 내일을 예측하기 어렵다. 그렇다고 넋을 놓고 가만히 있기에는 뭔가 개운하지 않다. 이제 우리는 하루가 다르게 쏟아지는 지식과 하루가 다르게 달라지는 세계를 살며 시인이 겨울 밤 광화문 네거리에서 했던 그 고민에 동참해야 한다.

인재人災라는 말은 재앙의 원인이 인간에게 있다는 뜻이다. 나비의 날갯짓이 지구 반대편에서는 태풍을 만들어 낼 수도 있다는 나비효과 이론처럼 인간이 만들어 내고 있는 재앙의 종류와 크기도 예측하기 힘들다. 번쩍이는 불빛을 위해 만들어 낸 탄소들이,

우리를 유리병 속에서 거친 숨을 몰아쉬었을 앵무새처럼 만들지도 모른다. 물론 공기 펌프를 쥐고 있던 과학자의 손끝에서 재앙이 끝나고 새로운 생명을 선물받을 수도 있겠지만 말이다. 우리의 내일은 오늘의 삶을, 우리의 오늘은 어제의 삶을 디디고 있다. 내일의 삶을 위해 우리는 오늘 무엇을 해야 할까.

생태를 보는 또 다른 시선 1

김은산, 『비밀 많은 디자인 씨』

'과학적이다'라는 말은 매우 어렵게 들리지만 우리가 누리는 대부분은 이 어려운 것을 바탕으로 한다. 우선 이 책의 종이와 잉크에도 과학의 원리가 숨어 있고 오늘 사용한 모든 물건들, 이동 수단, 입고 있는 옷 등도 따지고 보면 매우 과학적인 것들이다. 그러나 대부분의 사람들은 그 원리를 궁금해하거나 잘 모른다. 얼마간의 돈을 지불하고 사용하면 그만인 것들이라 생각한다. 심지어 그것들이 만들어 내는 탄소 가스, 페트병, 고무, 플라스틱 등의 폐기물 또한 크게 신경 쓰지 않는다. 이것들은 이미 매우 유연하게 삶의 일부가 되었고, 쓰레기통 안으로 들어가 지금 당장은 눈에 보이지 않기 때문이다. 그러나 이 모든 것은 과학의 힘이 아니라 과학이 입은 디자인의 힘으로 가능하다. 수많은 비밀을 품고 있는 디자인 씨의 이야기를 들어 보자.

'프라다Prada'는 이탈리아의 명품 브랜드 이름이다. 그런데 프라다에서 아침마다 그득한 똥을 품는 변기를 만든다면 어떨까. 웃길까. 정말 웃기기만 할까. 이상한 상상이라고 다그칠지도 모르지만 '프라다 변기'는 실제로 있다. 그 속을 똥으로 채울 수 없는 미술품이기는 하지만 말이다. 〈프라다 변기Prada Toilet〉는 미국의 현대 미술가 톰 삭스Tom Sachs의 작품이다. 변기 모양을 하고 있는 예술품이지만 변기에 명품 브랜드의 옷을 입힌 것에는 나름의 의도가 있어 보인다. 사람들은 가장 은밀한 순간에도 명품을 원한다는 것, 아니 일상마저도 명품이라는 옷을 입기 바란다는 사실을 비꼬고 싶었는지 모른다.

이런 명품까지는 아니더라도 우리의 욕망은 디자인에 반영되어 일상과 함께 존재한다. 우산 속에 떠 있는 하늘, 입는 시계라는 스와치 패션 시계, 먹다 만 사과 모양의 로고까지 디자인은 우리 삶의 곳곳에 스며들어 있다. 더 나아가 이런 디자인들은 삶의 편리, 혹은 방향과도 관련 맺고 있다. 돼지를 도살하는 데 사용할 목적으로 디자인된 컨베이어 벨트는 공업과 분업의 상징이 되었고, 분업을 통해 최적화된 물건을 생산하는 삶은 비단 공장뿐 아니라 가정, 학교, 각종 단체 들도 지향하는 방향이 되었다. 더구나 비상구로 달리는 사람은 남자뿐이라는 것, 아기 기저귀를 갈아 주는 표지는 여자 화장실에만 있다는 사실은 디자인된 기호들이 사람들의 사고와도 관련 맺고 있음을 말해 준다. 그렇다면 기저귀를 가는 남자, 공사 중 표지판 속에서 삽질하는 인물을 여자로 바꾸면 어떨까. 실제로 2006년 오스트리아의 빈 시는 도시 곳곳에 있는 공공 표지판을 교체했다. 일상의 기호 속에 무의식으로 흐르는 성차별의 내용을 찾아 성평등을 실현하겠다는 의지였다. 실험의 성공과 실패를 떠나 이런 시도는 매우 흥미롭고 또한 필요해 보인다. 나아가 디자인이 지구와 공존할 수 있는 방향을 고민해 보면 어떨까 싶다. 장애인, 노인, 사회 소수자 들을 위한 디자인과 함께 지구의 생태를 고민하는 디자인을 생산해 내는 것이다.

조셉 라이트의 그림 속 사람들은 빈 유리병 속의 앵무새가 파닥이는 모습을 마술사가 부리는 재주쯤으로 생각했을지 모른다. 그러나 보이지 않아도 존재하는 공기는 부력, 양력, 순환 등의 이름으로 과학이 되었고 일상이 되었다. 이문재 시인이 놀란 광화문 네거리에 핀 불꽃들 또한 과학이 만들어 낸 신비로운 조화다. 하지만 신기함이 일상이 되고, 그 일상이 두려움을 만들고 있다면 이제는 방향을 바꿀 수 있는 방법을 고민해야 한다. 사람들의 생활과 생각은 디자인의 작은 변화로도 가능하다. 『비밀 많은 디자인 씨』가 마지막에 인용하고 있는 존 러스킨John Ruskin의 저서 『나중에 온 이 사람에게도Unto This Last』에 실려 있는 이 말은 지금 우리에게도 여전히 의미 있는 말이다.

"한 사람이 무언가를 소유하면 다른 사람은 그것을 소유할 수 없다는 것, 어떤 종류의 물건이든 사용되거나 소비된 물건에는 꼭 그만큼의 인간의 생명이 소비되었다는 것, 그렇게 사람의 생명을 소비한 결과 현재의 생명을 구하거나 더 많은 생명을 얻게 되면 그것은 좋게 소비된 것이고, 그렇지 못하다면 그만큼 생명을 방해했거나 죽인 결과가 된다는 사실을 명심하지 않으면 안 된다."

'새'의
있고
없음에
관해

김원일, 「도요새에 관한 명상」 ── 장욱진, 《나무와 새》

장 로스탕Jean Rostand은 화학 살충제의 위협을 경고하며 "참아야 하는 것이 우리의 의무라면, 알아야 하는 것은 우리의 권리다"라고 말했다. 그는 살충제가 눈앞의 이익을 보장할 수 있지만 남용하면 말할 수 없는 두려움을 몰고 올 수 있다고 경고했다. 오늘날 그의 우려는 현실이 되었다. 놀랍도록 신기했던 살충제는 해충을 죽였지만 고스란히 땅에 남아 작물과 그것을 먹고사는 사람들에게도 영향을 미치고 있다. 소설 「도요새에 관한 명상」의 끝자락에도 등장하는 레이첼 카슨Rachel Carson의 『침묵의 봄Silent Spring』은 인간이 자연에 가한 위협이 생태계를 돌아 인간에게 어떤 영

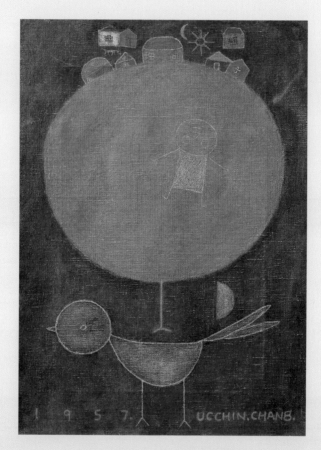

장욱진, 〈나무와 새〉, 1957, 장욱진미술문화재단

향을 미치는지 경고한다. 그녀는 당장의 이익에 눈이 멀어 사용한 DDT가 암을 유발하는 원인임을 밝히면서, 생태계의 끈끈한 순환 고리를 위협한다고 강조했다. 인간과 자연이 공존해야 한다는 당연한 주장을 펼친 레이첼 카슨의 이 책은 오십여 년 전에 출판되었고 지금도 읽히는 환경학의 고전이다. 이 책이 고전이 되었다는 사실은 우리의 현실이 개선되기는커녕 더욱 나빠지고 있다는 반증이기도 하다. 인간은 가슴 아픈 통찰을 보기도 하고 겪기도 했지만 당장의 이익과 편리에 빠져 쉽게 변하지 못한다.

김원일의 소설 「도요새에 관한 명상」에는 도요새를 바라보는 세 사람의 서로 다른 시선이 등장한다. 북쪽이 고향인 아버지는 새를 타고 고향으로 돌아가길 소망하고, 병식은 새를 잡아 박제 상인에게 넘길 궁리를, 병국은 새를 통해 공업화된 고향의 심각한 오염을 확인한다. 이 소설이 발표된 1970년 중반은 경제 개발 5개년 계획이 한창 진행 중이던 시기로, 조그만 항구가 있는 지방의 소도시였던 울산도 대규모 공업 도시로 탈바꿈한다. 고래가 유명했던 울산에 조선소와 각종 화학 공장과 정유 공장 등이 세워지고, 농사를 짓거나 물고기를 잡으며 삶을 영위하던 사람들은 공장에 나가 일하는 노동자가 된다.

작품 속 배경이 되는 동진강은 오래도록 철새 도래지였다. 청둥오리, 바다오리, 황오리, 쇠마물떼새, 중부리도요, 민물도요 등 수십 종의 철새와 나그네새들로 장관을 이루던 곳이었다. 그런데 동해와 남해가 만나는 동남만 일대가 공업화의 거센 도전에 부딪히고 그 결과 새의 종류와 수효는 날마다 줄어든다. 소설 속 병국은 서울대학교를 우수한 성적으로 입학했으나 시국 사건에 연루되어 고향으로 낙향한다. 그리고 공해의 심각성에 눈을 뜨고 그 문제를 해결하기 위해 노력해 보지만 그의 노력은 번번이 실패한다. 탄원서를 내고 신문에 투서하는 그를 바라보는 주변의 시선은 곱지 않다. 지금도 환경보호와 경제적 이익이 상충할 때 누구도 쉽게 환경보호에 손을 들지 못하는 것을 생각해 보면, 당시 대다수 사람의 생각이 어땠을지 어렵지 않게 추측할 수 있다. 보릿고개를 겪으며 힘든 시간을 보내야 했던 사람들에게 일용할 양식을 보장해 주는 공장 월급은 매우 매력적이었을 테니 말이다.

이처럼 자연의 가치를 돈으로 환산하는 방식은 병식을 통해 잘 드러난다. 명문대를 나와도 밥벌이 하나 제대로 못하는 아버지와 형을 보며 그는 대학 진학은 뒷전으로 밀어 두고 재수학원을 다니며 놀기 바쁘다. 그러던 어느 날 친구 족제비가 병식에게 돈 버는 방법을 알려 준다. 철새들을 음독시켜 죽이고 그 시신을 박제 상인에게 넘기는 일이었다. 하늘을 자유롭게 날던 새는 사람이 던져 놓은 독에 절은 콩을 먹고 죽는다. 그리고 그 사체는 얼마의 돈과 교환된다. 병식에게 새는 더 이상 자유의 상징도, 아름다운 동진강의 철새도 아닌 한 마리에 얼마로 환산되는 상품과 다름없다. 이제 소설은 달라도 너무 다른 형제의 갈등으로 마무리된다. 이 형제의 갈등은 오늘날에도 여전히 진행 중이다.

장욱진은 〈나무와 새〉라는 손바닥보다 조금 큰 그림 속에 자연을 담아냈다. 1957년 포화가 휩쓸고 간 결코 아름다울 리 없는 삶의 자리에서 말이다. 전쟁으로 집은 무너졌고 사랑하는 이들과도 헤어졌다. 먹을 것이 없어 굶주리기 일쑤였고 내세울 것 없는 여인들은 주저하며 치마폭을 올려야 했다. 그러나 그 시절에도 변하지 않는 것이 있었으니, 무심하게 아름다운 이 땅의 자연이었다. 바람이 불고 꽃이 피고 나무가 우거지고 눈이 내리는 한반도의 아름다운 자연. 힘겨운 현실을 외면하듯 변함없는 자연이 원망스럽기도 하지만, 시시각각 변하는 세계에 변하지 않는 무엇이 있다는 것이 주는 위로, 배고프지만 곧 보리를 수확할 것이며, 춥지만 곧 따스한 봄이 올 것이라는 기대야말로 배고프고 힘겨운 시절을 버티게 해 준 자연의 위로였다.

그렇게 시간을 빗겨 가는 아름답고 소박한 자연을 표현한 이가 바로 장욱진이다. 그는 평생을 자연 앞에 머물러 있었다. 살던 곳이 번잡해지고 상업 지구가 되면 조용한 곳을 찾아 들어가 작업에 몰두했다. 나라를 빼앗긴 시절에 몇 안 되는 서양화가였지만 그의 작품은 세련된 서양화와는 다르다. 작은 크기의 작품들은 오히려 투박하고 담백한 느낌이다. 그의 그림은 전속력으로 질주하는 세상을 향해 브레이크를 밟아 주는 것만 같다. 제목만으로도 정겨운 〈나무와 새〉를 본다. 한 마리의 새와 한 그루의 나무, 그 안을 채우고 있는 아이, 그리고 나무 위의 집들은 동화 속 장면 같기도 하고 꿈속 같기도 하다. 포화가 사라진 지 얼마 되지 않은 각박한 시절을 견디고 있는 사람들에게 그는 어떤 위로를 건네고 싶었을까. 가만히 둘러보라고, 그래도 변하지 않고 머물러 있는 것이 있다고 이야기하는 것 같다.

멈추고 싶지만 멈춰지지 않는 것이 시간이다. 아무리 아름다운 꽃도 시간이 지나면 지고, 물기가 모두 말라 죽은 것 같은 나무도 시간이 되면 꽃을 피운다. 그것이 시간의 힘이며 자연의 힘이다. 그런데 오늘의 자연은 어떤가.

북태평양 한곳에서만 해마다 10만 마리 정도의 바다거북과 해양 표류동물, 100만 마리의 바닷새, 이루 헤아릴 수도 없을 만큼 많은 물고기가 플라스틱에 식도가 막혀 굶어 죽는다. 이런 문제는 소설 「도요새에 관한 명상」의 병국과 같은 한 사람의 노력만으로는 변화되기 힘들다. 하지만 그처럼 노력하는 이도 없다면 언젠가 사람들도 플라스틱에 식도가 막혀 죽을지 모른다. 장욱진의 그림을 가슴에 품고 "그땐 그랬구나!" 하며 오늘을 이야기할지 모른다. 우리가 무엇을 해야 할지 점점 분명해진다.

생태를 보는 또 다른 시선 2

와타나베 이타루,『시골빵집에서 자본론을 굽다』

빵집에서 파는 많은 빵 중에서 가장 쉽게 만들 수 있을 것 같은 빵은 단연 식빵이다. 케이크처럼 화려하지도 달콤하지도 않은 식빵은 밀가루를 대충 반죽해서 굽기만 하면 될 것 같다. 하지만 이는 베이킹을 모르고 하는 말이다. 식빵은 홈베이킹을 시작하는 사람들이 가장 실패할 확률이 큰 빵이다. 식빵은 적절한 부패가 필요한 '발효빵'이기 때문이다. 이 책은 바로 이 부패를 돕는 천연균에 대한 이야기이자, 부패하지 않는 자본에 관한 이야기다. 천연균을 이용한 발효빵을 만들면서 부패하지 않는 경제 질서에 의문을 제기한다. '과연 썩지 않는 것이 좋은 것인가' 하고 말이다. 알고 있다시피 자연은 '순환'을 기본으로 한다.

「도요새에 관한 명상」 속 배경인 동진강은 해마다 수십 종의 철새가 찾아오던 철새 도래지였지만 '경제'를 앞세운 동남만 일대의 공업화는 새들을 몰아냈다. 심지어 남아 있던 새들마저 독약을 먹여 죽인 뒤 박제 상인에게 넘겼다. 새들을 박제 상인에게 넘긴 이유 또한 경제와 무관하지 않다. 꼬박꼬박 고정된 수입을 보장하는 공장과, 새들과 교환되는 자본의 유혹을 쉽게 뿌리칠 수 없기 때문이다. 하지만 그 결과 잃어버린 것들이 있다. 생각조차 하지 못한 일이지만 매년 일정한 농산물을 내주던 땅과 많은 사람이 찾아오던 철새 도래지라는 '생산수단'을 잃고 만 것이다. 마르크스의 지적대로 생산수단을 잃어버리고 자유로운 신분이 된 사람들은 공장에 노동력을 제공하고 이를 임금과 교환하는 노동자가 되었다. 이제 노동자들은 고정된 수입을 위해 어쩔 수 없이 일해야 하고, 그 대가로 얻은 수입은 다시 자본가가 만들어 놓은 물건을 사는 데 사용해야 한다. 노동자의 노동과 임금, 상품 구매로 이어지는 순환은 결국 자본가의 이윤 창출이라는 종착점을 향해 갈 뿐이다. 순환하는 듯 보이지만 이는 자본가의 이윤만을 위한 비정상적인 순환이다.

와타나베 이타루渡邊格는 이런 순환을 썩지 않는, 부패하지 않는 경제라고 이름 붙였다. 자연의 섭리를 벗어난 이 비정상적인 순환이 가지고 온 문제점들은 이미 우리들이 온몸으로 겪고 있다. 빈부의 차이, 실업 문제, 과다한 경쟁 구조, 환경 파괴에 이르기까지.

와타나베 이타루는 천연균을 이용해 빵을 굽는 제빵사이자, 누룩균이 부패를 통해 밀가루를 부풀리고 단맛과 신맛, 깊은 맛을 내는 빵으로 탄생하는 것을 보며 순환의 의미를 배워 가는 소박한 사색가이기도 하다. 기억해야 할 것은 누룩균 하나만으로 빵이 부풀지 않는다는 사실이다. 그 땅에서 난 건강한 밀, 좋은 물, 기후, 제빵사의 기분까지 포함된 누룩균은 이런 것과 모두 관련을 맺고 조금씩 다른 빵을 만들어 낸다. 순환이라는 것은 수많은 조건과 관련을 맺으면서 끊임없이 서로에게 영향을 주며 살아 움직여야 하는 것이다. 마트에서 손쉽게 구할 수 있는 이스트는 밀가루를 부풀려 빵을 만들어 낼 수는 있지만 그렇게 부풀려진 빵은 건강하지 않다. 쉽게 부푼 빵은 이윤을 창출하기만 하려는 자본가와 같다. 이제 우리는 어떤 빵을 먹을지 고민해야 한다. 부패와 순환을 통해 만들어진 건강한 빵과 비정상적인 순환으로 만든 부패하지 않는 빵 중에서 선택해야 한다. 무엇을, 어떻게 먹는가야말로 인류가 해결해야 할 가장 중요한 일이기 때문이다.

장욱진의 그림은 우리가 어떤 선택을 해야 할지 말해 준다. 나무와 새가 어우러져 하나의 그림으로 완성되었듯, 새의 똥이 나무에게 영양분이 되어 주고 나무가 새에게 열매를 내주듯 우리의 삶도 한쪽으로 치닫는 것이 아니라 어우러져야 한다는 것을 보여 준다. 마치 시골빵집의 천연균이 부패를 통해 밀가루를 부풀리고 빵을 만들어 냈던 것처럼 말이다. 천연균으로 만든 빵을 누구나 먹을 수 있는 날이 온다면, 천연균과 함께 누구나 순환하는 삶을 살고자 한다면 도요새는 다시 동진강에 찾아올지 모른다.

엄마와
언니
이야기

권정생, 『몽실 언니』 —— 케테 콜비츠, 〈씨앗들이 짓이겨져서는 안 된다〉

"댁의 아드님이 전사했습니다."

밤마다, 아니 숨을 쉬는 순간마다 전쟁에 나간 아들이 무사히 돌아오길 기다리는 어머니에게 이보다 잔인한 소식은 없다. 그러나 독일의 판화가 케테 콜비츠는 1914년 10월 30일, 부모의 만류에도 참전했던 둘째 아들 페테의 전사를 알리는 전보를 받는다. 그리고 모든 어머니가 그러하듯 그녀 또한 짧지만 충격적인 내용 앞에서 절망했다. 하지만 그녀는 이 불행을 피하지 않고 조각칼을 들고 세상을 향해 고요하면서도 커다란 울림을 새긴다. 1차 세계대전이 휩쓸고 간 상처는 아들을 전쟁터로 보낸 1만 3,000여 명의 어머니에게 고스란히 각인되었으며 전쟁이 끝난 뒤에도 고통은 계속되었다. 그녀는 반전 포스터를 만들고 전쟁의 고통에 동참하며 아이를 잃은 원망과 분노를 예술로 승화한다. 그리고 이 땅에 다시는 이런 고통이 재현되지 않기를 간절히 바란다. 하지만 그녀의 바람이 무색하게도 세계는 여전히 전쟁 중이며, 여전히 전쟁과 무관한 사람들이 고통당하고 있다.

불과 육십여 년 전, 이 땅에도 이런 전쟁이 있었다. 전쟁은 겪어 보지 않은 이들이 함부로 말할 수 없는 일이지만, 전쟁이 일어났다고 해서 일상을 포기할 수는 없는 일이다. 어떻게든 살아가야, 살아 내야 하는 것이 삶이다. 권정생의 『몽실 언니』는 이 시간을 견뎌 낸 이야기다. 몽실에게는 두 명의 어머니와 두 명의 아버지가 있지만, 전쟁과 그로 인한 상처의 시간 동안 몽실은 이들을 모두 잃는다. 그녀에게 남은 것은 전쟁 중에 태어난 난남이와 아버지가 다른 영득이, 영순이뿐이다. 혼자서도 견디기 힘든 시절을 몽실이는 부지런히 움직이고 살뜰하게 아껴 동생들을 돌본다. 쌀을 씹어 끓인 암죽을 난남이의 입에 넣어 주면서, 깡통을 들고 밥을 빌면서, 식모살이를 하면서 동생들을 돌본다. 만약 그녀의 희생이 없었다면 난남이는, 영득이는, 영순이는 어떻게 되었을까. 아마 뿔뿔이 흩어져 자신이 누구인지도 모른 채, 혹은 서로를 원망하며 살았을지 모른다. 작품에는 몽실이 외에도 이유 없는 도움은 거절하는 꽃 파는 아이, 미군들에게 몸을 팔 수밖에 없었던 금년이까

케테 콜비츠Kathe Kollwitz, 〈씨앗들이 짓이겨져서는 안 된다Saatfrüchte Sollen nicht vermahlen werden〉, 1941,
베를린 케테 콜비츠 미술관Kathe Kollwitz Museum Berlin

지 전쟁 중의 아프고 슬픈 삶을 지닌 이들이 등장한다. 이 소설이 긴 여운을 남기는 까닭은 몽실 언니가 이야기 속에만 존재하는 인물이 아니기 때문이다. 조금만 더 시간이 흘러가면 잊힐지도 모를 이 땅을 살던 여인들의 이야기가 바로 몽실 언니인 까닭이다.

〈씨앗들이 짓이겨져서는 안 된다〉는 몽실이 겪은 전쟁의 참상과 그로부터 아이를 지키고 싶은 어머니의 마음이 잘 드러나는 작품이다. 아이들의 두려운 눈망울과 움츠린 몸은 전쟁의 잔인함을 보여 준다. 이유도 모르는 참상 앞에서 아이들이 할 수 있는 것은 겨우 몸을 낮추고 숨는 것밖에 없다. 이 아이들의 두려움을 품에 안은 어머니는 온몸으로 아이들을 감싸고 있다. 굵고 굳센 팔, 굳게 다문 입술, 무엇과도 타협하지 않겠다는 눈빛은 어쩌면 몽실 언니의 것일지도 모른다. 몽실 언니가 양공주라 불리는 금년이의 집을 나서던 밤, 이가 부딪치도록 몸을 떨었던 이유도 그녀가 지켜야 할 것들이 있기 때문이었으니 말이다.

> "구제받을 길 없는 사람들, 상담도 변호도 받을 수 없는 사람들,
> 정말 도움을 필요로 하는 이 시대의 사람들을 위해 한 가닥의 책
> 임과 역할을 담당하려 한다."

콜비츠가 〈전쟁〉 연작을 발표하며 남긴 말이다. 그녀는 자신에게 주어진 책임과 역할을 조각칼로 대신했고, 몽실 언니는 자신에

게 주어진 삶을 외면하지 않음으로써 책임과 역할을 다해 냈다. 그리고 지금 우리는 몽실 언니와 같은 수많은 사람이 일궈 낸 시간을 살고 있다. 하지만 콜비츠의 조각칼과 몽실 언니처럼 기꺼이 자신의 삶을 희생하는 사람들이 있음에도 여전히 이 땅에는 도움이 필요한 사람들이 많다. 그렇다면, 우리는 지금 무엇을 해야 할까. '함께 살아가는 법'을 익혀야 한다. '사람'은 없고 사람이 해야 할 일을 대신하는 기계들뿐인 세상이 우리가 생각하는 미래의 전형적인 모습일지라도 말이다. 수십억 년에 걸쳐 만들어진 석유 1리터의 값이 커피 한 잔의 가격보다 싼 풍요로운 세상이 계속 될 것이라고 믿는 건 어리석은 일이다. 이제 우리는 함께 살아가기 위해 땅이 내주는 것에 감사하고 나누는 방법을 배워야 한다. 더 많이 갖고, 더 편리하게 살려고 노력하지 않는 법도 배워야 한다. 이 땅의 수많은 몽실 언니처럼, 우리의 작은 노력들이 필요할 때다.

생 태 를 보 는 또 다 른 시 선 3

최성각,『달려라 냇물아』

열두 개의 젖꼭지를 가진 돼지가 새끼 열세 마리를 낳았다. 그중 가장 힘없는 한 마리를 돼지 주인이 냇물로 획 던져 버렸다. 돼지 주인의 막내아들은 버려진 돼지를 찾기 위해 어둠 속 십리 길 방둑을 뛰듯이 걸어갔다. 어두운 방둑 아래를 헤매다 옷이 찢어지고 피도 났지만 강둑 하구에서 들리는 새끼 돼지의 가냘픈 울음소리에 막내아들은 벅찬 반가움과 기쁨을 느꼈다.

하지만 그렇게 품에 품고 온 새끼 돼지는 막내아들이 학교에 간 사이 다시 처단되고 말았다.

이 책의 지은이 최성각은 자신이 환경운동가가 된 까닭을 이날의 기억에서 찾는다. 그리고 냇물을 따라가며 두려움을 잊기 위해 불렀던 노래가 "날아라 새들아 푸른 하늘을 달려라 냇물아 푸른 벌판을 오월은 푸르구나 우리들은 자란다 오늘은 어린이날 우리들 세상"이었다고 한다. 그런데 문득 푸른 하늘을 나는 새를 본 적이 언제인지, 푸른 벌판을 흐르는 냇물을 본 적이 언제인지 기억나지 않는다. 여러분은 어떤가.

소설가이자 환경운동가인 최성각은 어린 시절 새끼 돼지를 잃었던 경험이 환경운동가가 된 이유와 무관하지 않다고 책에서 밝힌다. 아마도 그는 흐르는 물결 속에서 죽음의 공포를 느꼈을 돼지, 그럼에도 살아남아 가냘픈 울음소리를 내던 돼지를 잊지 못했던 모양이다. 그가 어둠 속을 따라 내려가며 불렀다는 어린이날의 노랫말을 되새기다 보면 '푸른 하늘과 푸른 벌판을 자유롭게 나는 새들, 흐르는 냇물을 언제 보았지?' 하는 생각을 하게 된다.

우리는 딱딱한 시멘트 바닥과 튼튼한 철근으로 세워진 건물들 사이를 부지런히 오가며 산다. 지구가 점점 뜨거워지는 까닭에 바닷가의 수면이 상승하고 있다는 사실도 이제는 새삼스럽지 않다. 그런데 만약 높아진 해수면 때문에 현재 살고 있는 땅을 떠나야 한다면 어떨까. 실제로 아홉 개의 섬으로 이루어진 남태평양 적도 부근의 투발루는 높아진 해수면으로 두 개의 섬이 가라앉았고, 2060년이 되면 국토 전부가 수면 아래로 사라질 위기에 처해 있다. 하지만 주변국인 호주는 이 나라의 국민을 수용하지 않고, 뉴질랜드 또한 매우 제한적으로 이들을 받아들이고 있다. 그렇다면 투발루의 국민은 어디로 가야 할까. 투발루의 이런 상황은 전쟁과 별반 다르지 않다. 전쟁으로 인한 피해를 전쟁과 전혀 무관한 사람들이 감당하듯 환경 파괴의 피해를 아홉 개의 섬에서 옹기종기 살던 투발루 국민이 고스란히 감당하고 있으니 말이다.

시리아를 출발했지만 끝내 터키의 해안가에서 싸늘하게 식어버린 채로 발견된 어린아이의 사진은 많은 사람에게 슬픔을 주었다. 시리아의 무장 단체를 피해 망명에 오르다 당한 변이었다. 시리아 내전은 극심한 가뭄과 가속화된 사막화로 황폐해진 농토와도 관련이 있다. 초승달 모양의 옥토가 황폐해지면서 시리아는 정치적 불안을 겪을 수밖에 없고, 이 과정에서 환경 난민이 발생할 수도 있음을 이미 영국 옥스퍼드 대학의 노먼 마이어스Norman Myers 교수는 예견했다. 투발루나 시리아의 국민이 이렇게 된 이유는 그들의 잘못이 아니다. 해수면이 상승하고 전에 없던 극심한 가뭄이 계속된 데에는 편리한 우리의 삶도 영향을 미쳤음을 어렵지 않게 생각해 낼 수 있다. 물론 우리는 절대로 누군가의 나라를 빼앗을 의도로 종이컵에 음료를 따라 마시거나 나무젓가락으로 스티로폼 그릇에 담긴 자장면을 먹은 것은 아니지만 말이다.

만약 콜비츠가 살아 있다면, 몽실 언니가 살아 있다면 그녀들은 어떤 삶을 살았을까. 모르긴 몰라도 콜비츠는 반전 대신 환경에 대한 우리들의 자세를 비판하는 조각을 새겼을 것이고, 몽실 언니는 조금 불편하더라도 지구를 지킬 수 있는 삶을 살았을 것이다. 이들에게 소중한 가치는 앞으로 살아갈 세상이며, 똑같은 아픔을 반복하지 않는 세상이기 때문이다.

최성각이 속한 풀꽃세상은 돌멩이와 날아가는 새에 상을 '드리는' 희한한 단체다. 남들은 뭐하는 짓이냐고 비웃을지 모르지만 이들의 행위에는 풀꽃과 새와 흐르는 냇물 속 돌멩이가 사람과 전혀 다르지 않다는 인식이 자리하고 있다. 상을 주는 게 아니라 드리는 행위를 통해 인간이 자연의 일부임을 알 수 있다.

이제 우리는 자연의 일부로 사는 삶을 받아들여야 한다. 자연을 개발의 수단으로 바라보는 일을 중단하고 수많은 풀꽃이 되어 함께 살 수 있는 방법을 고민해야 한다. 손쉽게는 엘리베이터보다 계단으로 걸어 올라가는 수고, 수도꼭지를 잠그고 양치하는 습관, 신속한 자동차보다 느린 걸음을 선택하는 불편한 삶을 기꺼이 감수해야 한다. 만약 지금 이 불편을 감수하지 않는다면 머지 않은 날에 시리아나 투발루처럼 자연 환경에 역습을 당할지도 모른다. 하늘을 나는 푸른 새, 달리는 냇물을 어디서나 볼 수 있는 세상을 지키기 위해 지금 우리가 해야 할 일은 무엇인지 곰곰이 생각해 봐야 할 때다.

　나는 두 번의 출산을 경험했지만 이 일은 내게 영화나 드라마에
서 보던 것처럼 경이롭거나 감동적이지 않았다. 수술이라는 과정
을 겪고 만나서인지 옆에서 꿈틀거리며 숨 쉬는 아이들이 낯설기
만 했다. 물론 나는 이런 감정을 숨긴 채 생명의 탄생을 기뻐했다.
하지만 누구에게도 꺼내 놓지 못한 고민은 계속되었다. 과연 나는
누구이며, 이 아이는 누구인가. 마음대로 움직여지지 않는 몸에서
무기력을, 하루 종일 나를 필요로 하는 아이에게서는 피로를 느꼈
다. 하지만 3시간마다 젖을 물려야 했던 그 시절의 감정은 빠르게
잊었다. 그러다 문득 이유를 알 수 없는 서글픔이 밀려왔다. 나는
잘 살고 있는가. 내게 이런 질문은 뒤늦은 사춘기이자 방황이 시
작되면서 왔다. 그렇지만 서른을 넘긴 두 아이의 엄마가 할 수 있
는 반항은 새벽에 일어나 책을 읽고 글을 쓰는 게 전부였다.

　이 책에 담긴 대부분은 바로 그때 읽었던 책과 그때 보았던 그
림들이다. 왜 하필이면 책이고 그림이었는지 설명할 수는 없지만
아마도 어린 날에 보았던 몇 장의 그림과 관련 있지 않을까 싶다.

　내가 선명하게 기억하는 첫 그림은 마네의 〈풀밭 위의 점심식
사〉다. 설명 없이 그림만 실려 있던 도록에서 처음 접했는데, 발가
벗은 여인과 옷을 입은 남자의 모습은 초등학생에게 야릇하게만
보였다. 이 여인들을 발견한 이후 어른들이 없는 시간을 골라 몰

래 그림을 펼쳐 보곤 했다. 도록 안에는 옷을 입은 여자보다 벗은 여자가 더 많았으니 어쩐지 함부로 펼치면 안 된다고 생각했던 듯하다. 한편으로는 부끄러웠으나 또 한편으로는 도대체 이런 그림을 왜 그렸는지 궁금하기도 했다.

내가 이른 새벽에 일어나 그림을 보았던 이유는 이 유년의 기억과 무관하지 않다. 하지만 이른 새벽의 고요함 속에서 만난 그림들은 뜻밖에도 행복하지 않았다. 도미에의 〈삼등열차〉 속 사람들, 뭉크의 〈절규〉 속 사람도 모두 나처럼 불안하고 힘겨웠다. 하지만 이 힘겨운 이들이 오히려 내게 위안을 주었고 다시금 예전의 의문을 불러들였다.

왜, 무엇 때문에, 이들은 그려졌을까?

지금 나는 왜 불안해하고 힘들어하는 것일까?

이 책이 다루고 있는 관계·소통·불안·소비·저항·생태 이야기는 내가 세상을 이해하는 열쇳말이다. 물론 이 열쇳말은 나를 이해하는 열쇠이기도 했다.

사람은 저마다 다른 크기의 세상을 살아간다. 지구라는 물리적 공간에서 어울려 살고 있지만 사람들이 가진 세상의 크기는 다를 수밖에 없다. 세상은 자신이 경험하고 아는 만큼만 인식되기 때문이다. 그런 의미로 이 책은 나의 경험과 나의 앎을 바탕으로 하는 나의 이야기다.

이제 이 책을 덮고 여러분의 이야기를 찾아가길 바란다. 그것이 꼭 이 책과 같을 필요는 없다. 자신에게 들려오는 소리를 따라가

다 보면 박성우 시인이 연두를 발견하고 고흐가 노랑을 발견한 것처럼 여러분만의 무엇인가를 발견해 내게 되리라 믿는다. 누구에게나 첫 걸음마를 떼던 순간이 있다. 여기서 우리가 함께 나눈 이야기들이 바로 그런 순간이었으면 좋겠다.

마지막으로 이 이야기들이 혼자만의 이야기로 머물지 않고 책으로 엮이게 되기까지 누구보다도 먼저 귀 기울여 들어 준 사람들이 있었다. 이 자리를 빌려 신도림고등학교의 박종호 선생님과 북멘토 김혜선 주간에게 깊은 감사를 드린다. 이들이 아니었다면 이 이야기는 중간에 끊어지고 다듬어지지 못했을 것이다. 그 밖에 혼자 자란 나의 부족함을 감싸 주고 함께 고민해 준 김소연 선생님과 이 지면에서 일일이 나열할 수 없는 가족과 친구에게도 감사를 전한다.

특별히 새벽마다 일어나 책상 앞으로 가는 아내의 반항을 응원해 준 남편 김준회와 고민의 시작을 선물해 준 태준·태호에게 사랑한다는 말로는 부족한 마음을 전한다.

지금의 이 시간을 있게 해 준 사랑하는 부모님 정지영, 유영식 님께 이 책이 자그마한 위로가 되었으면 좋겠다.

2015년 깊은 가을
정수임

관계

박성우, 『난 빨강』, 창비, 2010

공선옥, 『명랑한 밤길』, 창비, 2007

백석, 『백석시전집』, 창비, 1987

소통

김승옥, 『무진기행』, 문학동네, 2004

황석영, 『삼포 가는 길』, 창비, 2000

정현종, 『달아 달아 밝은 달아』, 지식산업사, 1982

불안

김려령, 『우아한 거짓말』, 창비, 2009

김소진, 『바람 부는 쪽으로 가라』, 문학동네, 2002

신경림, 『농무』, 창비, 1975

소비

박민규, 『카스테라』, 문학동네, 2005

조세희, 『난장이가 쏘아올린 작은 공』, 이성과힘, 2000

이시영, 『경찰은 그들을 사람으로 보지 않았다』, 창비, 2012

저항

현기영, 『마지막 테우리』, 창비, 1994

박상률, 『너는 스무 살, 아니 만 열아홉 살』, 사계절, 2006

정호승, 『슬픔이 기쁨에게』, 창비, 1979

생태

이문재, 『제국호텔』, 문학동네, 2004

김원일, 『도요새에 관한 명상』, 문이당, 2005

권정생, 『몽실 언니』, 창비, 2007

'또 다른 시선' 도서 목록

관계

안광복, 『열일곱 살의 인생론』, 사계절, 2010

빈센트 반 고흐, 신성림 옮김, 『반 고흐, 영혼의 편지』, 예담, 2005

이오덕·권정생, 『선생님, 요즘은 어떠하십니까』, 양철북, 2015

소통

강수돌, 『팔꿈치 사회』, 갈라파고스, 2013

장 코르미에, 김미선 옮김, 『체 게바라 평전』, 실천문학사, 2000

지그문트 바우만, 조은평·강지은 옮김, 『고독을 잃어버린 시간』, 동녘, 2012

불안

에밀 졸라, 유기환 옮김, 『나는 고발한다』, 책세상, 2005

한병철, 김태환 옮김, 『피로사회』, 문학과지성사, 2012

마이클 샌델, 안기순 옮김, 『돈으로 살 수 없는 것들』, 와이즈베리, 2012

소비

칼 마르크스, 김수행 옮김, 『자본론』, 비봉출판사, 1990

C. 라이트 밀즈, 강희경·이해찬 옮김, 『사회학적 상상력』, 돌베개, 2004

장 지글러, 유영미 옮김, 『왜 세계의 절반은 굶주리는가?』, 갈라파고스, 2007

저항

수전 손택, 이재원 옮김, 『타인의 고통』, 이후, 2004

에드워드 버네이스, 강미경 옮김, 『프로파간다』, 공존, 2009

우치다 타츠루, 김경옥 옮김, 『하류지향』, 민들레, 2013

생태

김은산, 『비밀 많은 디자인 씨』, 양철북, 2010

와타나베 이타루, 정문주 옮김, 『시골빵집에서 자본론을 굽다』, 더숲, 2014

최성각, 『달려라 냇물아』, 녹색평론사, 2007

도판 목록 및 소장처

관계

빈센트 반 고흐, 〈해바라기〉, 1888, 런던 내셔널 갤러리

로런스 알마타데마, 〈더 이상 묻지 마세요〉, 1906, 개인 소장

마르크 샤갈, 〈나와 마을〉, 1911, 뉴욕 현대미술관

소통

카스파르 다비트 프리드리히, 〈안개 바다 위의 방랑자〉, 1817년경, 함부르크 미술관

로이 릭턴스타인, 〈행복한 눈물〉, 1964, 로이 릭턴스타인 재단

오병욱, 〈인림−충무로〉, 2005, 국립현대미술관

불안

에드바르 뭉크, 〈절규〉, 1893, 오슬로 국립미술관

구본주, 〈Mr. Lee〉, 1999, 국립현대미술관

오노레 도미에, 〈삼등열차〉, 1862~1864 뉴욕 메트로폴리탄 미술관

소비

에두아르 마네, 〈올랭피아〉, 1863, 오르세 미술관

앙리 마티스, 〈춤 II〉, 1910, 에르미타시 미술관

제프 쿤스, 〈세이크리드 하트〉, 2006, 신세계 백화점 트리니티 가든

저항

필리포 라우리, 〈마르시아스의 형벌〉, 17세기경, 루브르 박물관

강요배, 〈피살〉, 1991

조르주 쇠라, 〈그랑자트 섬의 일요일 오후〉, 1884~1886, 시카고 아트 인스티튜트

생태

조셉 라이트, 〈공기 펌프 속의 새 실험〉, 1768, 런던 내셔널 갤러리

장욱진, 〈나무와 새〉, 1957, 장욱진미술문화재단

케테 콜비츠, 〈씨앗들이 짓이겨져서는 안 된다〉, 1941, 베를린 케테 콜비츠 미술관

그 밖에 참고한 책

강요배, 『동백꽃 지다』, 보리, 2008

공주형, 『나를 완성하는 미술관』, 탐, 2013

그자비에 지라르, 이희재 옮김, 『마티스 : 원색의 마술사』, 시공사, 1996

김은빈, 『쿠르베·터너·도미에』, 지경사, 2009

문소영, 『명화의 재탄생』, 민음사, 2011

메리 셸리, 김선형 옮김, 『프랑켄슈타인』, 문학동네, 2012

손철주·이주은, 『다, 그림이다』, 이봄, 2011

심보선, 『그을린 예술』, 민음사, 2013

알랭드 보통·존 암스트롱, 김한영 옮김, 『영혼의 미술관』, 문학동네, 2013

오찬호, 『우리는 차별에 찬성합니다』, 개마고원, 2013

이주헌, 『십대를 위한 이주헌의 창조의 미술관』, 21세기북스, 2013

이진숙, 『위대한 미술책』, 민음사, 2014

에른스트 E. H 곰브리치, 백승길·이종승 옮김, 『서양미술사』, 예경, 2013

진중권·조이한, 『천·천·히 그림 읽기』, 웅진지식하우스, 1999

존 러스킨, 곽계일 옮김, 『나중에 온 이 사람에게도』, 아인북스, 2010

존 버거, 최민 옮김, 『다른 방식으로 보기』, 열화당, 2012

지그문트 바우만, 안규남 옮김, 『왜 우리는 불평등을 감수하는가』, 동녘, 2013

질 네레, 엄미정 옮김, 『에두아르 마네』, 마로니에북스, 2006

한강, 『소년이 온다』, 창비, 2014

KBS〈다큐멘터리 미술〉제작팀·이성휘, 『다큐멘터리 미술』, 예담, 2011